Jesper Juul

Aus Erziehung wird Beziehung

Das Buch

Der Alltag mit Kindern ist voll von Reibungen, Missverständnissen und Konflikten. Um diese zu lösen, greifen wir Eltern manchmal auf Methoden zurück, die nicht funktionieren oder die Kinder sogar verletzen. Der dänische Familientherapeut und einflussreiche Bestsellerautor Juul vermittelt ein neues Verständnis der Eltern-Kind-Beziehung und bestärkt uns darin, mit den Kindern in einen offenen und ehrlichen Dialog zu treten. Dazu gehört es, die Kinder als „gleichwürdige" Gesprächspartner anzusehen und ihre Interessen zu respektieren. Gleichzeitig bedeutet es, als Eltern authentisch zu sein und die eigenen Grenzen zu formulieren. Wie das konkret gelingen kann, zeigt dieses in Interviewform geschriebene Buch anhand typischer familiärer Konfliktthemen: morgendliches Aufstehen, Essen, Kleidung oder Hausaufgaben. Ein inspirierender Wegweiser, der das Familienleben gründlich verändern – und zu mehr Liebe und Vertrauen führen kann.

Der Autor

Jesper Juul (1948–1919 in Dänemark) war Lehrer, Gruppen- und Familientherapeut, leitete seit 1979 The Kempler Institut of Scandinavia und war ab 1987 Herausgeber der Zeitschrift »Familien«. Er leitete das familylab, das mit Elternkursen und Schulungen auch in Deutschland und Österreich aktiv ist. Er war als Gastprofessor für Psychologie an der Universität Zagreb tätig sowie als Ausbilder für Familientherapie in Kroatien und Bosnien; dort leistete er auch therapeutische Familienarbeit in Flüchtlingslagern. Jesper Juul ist Autor zahlreicher Bücher über Familienbeziehungen.

Die Herausgeberin

Ingeborg Szöllösi, Dr. phil, geboren 1968, Studium der Philosophie, Theater- und Literaturwissenschaft in München. Freie Journalistin und Buchautorin.

Jesper Juul

Aus Erziehung wird Beziehung
Authentische Eltern – kompetente Kinder

Hg. von Ingeborg Szöllösi

HERDER

FREIBURG · BASEL · WIEN

MIX
Papier | Fördert gute Waldnutzung
FSC® C014496

Taschenbuchausgabe 2022

Hermann-Herder-Straße 4, 79104 Freiburg

www.herder.de

Bei Fragen zur Produktsicherheit wenden Sie sich an
produktsicherheit@herder.de

Umschlagkonzeption und -gestaltung: Sabine Hanel
Umschlagmotiv: © mdphoto16/iStock

Satz: Susanne Lomer, Freiburg
Herstellung: GGP Media GmbH, Pößneck

Printed in Germany

ISBN Print: 978-3-451-03358-2
ISBN E-Book (EPUB): 978-3-451-82669-6
ISBN E-Book (PDF): 978-3-451-83358-8

Inhalt

Vorwort

„Von dem freien Kind in der Familie zu sprechen, ist für mich nicht möglich!“ – Dieser Satz ließ mich aufhorchen: Was ich gerade gehört hatte, konnte doch wohl nicht aus dem Mund des berühmten dänischen Familientherapeuten Jesper Juul stammen, dessen Buch „Das kompetente Kind“ ich regelrecht verschlungen hatte. Er, der behauptet, es sei ein Sakrileg, Kinder als „unsoziale, inkompetente Halbmenschen“ zu betrachten, er, der ausruft, die persönliche Verantwortung sei die „kraftvollste und potenteste“, er, der nicht müde wird, seinen Lesern und Zuhörern nahe zu bringen, dass die Kinder den „Schlüssel für eine gesündere Familiengemeinschaft“ in der Hand hielten – wie kann er nun erklären, es sei ihm nicht möglich, von dem freien Kind in der Familie zu sprechen?

Ich wusste nicht, was ich davon halten sollte. Schließlich gab es niemanden, der so konsequent wie Jesper Juul die Idee einer „freien Erziehung“ vertreten hatte. Was war geschehen? Das kurze Interview, das ich damals für eine Zeitschrift mit ihm führte, ließ viele Fragen offen.

Ich bat Jesper Juul um ein weiteres Interview, eines, das solche Fragen beantworten und die Grundlagen neu bestimmen sollte. Zu meiner großen Freude stimmte er einem langen Interview zu, das sich über mehrere Tage hinziehen sollte: „Ja, warum nicht?“ – Warum nicht? Vielleicht weil es zu persönlich werden könnte, dachte ich. Aber für Jesper Juul ist nichts persönlich genug! Seine fünfundzwanzigjährige Arbeit als Familientherapeut, Trainer, Vortragender, Buchautor dreht sich genau darum: Mensch, werde persönlich, sonst irrst du beziehungslos durch die Welt! Und: Begleite deine Kinder auf diesem Weg – ihrem eigenen Weg, eine souveräne Person zu werden! Seine wesentliche Frage an Eltern lautet: „Möchtest du als Vater oder Mutter, dass deine Kinder so aufwachsen, dass sie ihr eigenes, unabhängiges Wesen leben, oder möchtest du Kinder großziehen, die wissen, wie sie sich benehmen?"

Dieses Buch ist das Ergebnis unserer Gespräche. Die große Frage, die sich stellt, lautet: Wie kann aus Erziehung eine lebhafte, warme und tiefe Beziehung zwischen Eltern und Kindern werden? Die Geschichten, die Jesper Juul aus seinem eigenen Leben erzählt, die Fallbeispiele, die er aus seiner therapeutischen Praxis zitiert, und seine philosophischen, an der Existenz ausgerichteten Überlegungen führen zu dem Schluss: Ja, es ist möglich, dass aus Erziehung Beziehung wird, in der sich jedes Mitglied frei fühlt – das zu sagen, zu fragen, zu tun, was in ihm nach einem adäquaten Ausdruck drängt. Diese Erkenntnis wird die Gesellschaft verändern: Die Familie heute ist die Avantgarde – die Hoffnungsträgerin für eine beziehungsfreudige Zukunft!

Ingeborg Szöllösi

Erziehung als Thema

Sie beschäftigen sich seit vielen Jahren mit den Beziehungen zwischen Kindern und Eltern. Was sagen Sie heute: Wie können wir unsere Kinder erziehen?

Eltern und Erziehende, die beruflich mit Kindern arbeiten, befinden sich heute in einer einmaligen Situation: Sie wünschen sich ein neues Erziehungsmodell. Und das wäre noch gar nichts Besonderes. Jede Eltern-Generation hat sich seit jeher in einer ähnlichen Situation befunden: „Wir wollen es nicht so wie unsere Eltern machen, wir wollen es besser machen.“ Das Einmalige aber ist heute, dass das seit vielen Generationen bekannte, auf Gehorsam beruhende Erziehungsmuster überhaupt nicht mehr greift. Die Eltern-Generation von heute hat sich radikal von der Vergangenheit abgewendet und sucht etwas anderes – dieses „Andere“ hat sich noch nicht wirklich herauskristallisieren können und wird deshalb von jedem unterschiedlich definiert.

Wem ich zum Beispiel sehr häufig in Deutschland, Österreich und der Schweiz begegne, sind die so genannten „romantischen Eltern“: Sie sind von der Idee besessen, dass sie für ihre Kinder das Paradies auf Erden herbeizaubern müssen – dass die Kinder ohne Schmerz, Verletzungen, Ärger aufwachsen sollten! Eine andere, auch sehr verbreitete Vorstellung von Eltern ist, dass sie immer nur nett und freundlich zu ihren Kindern sein wollen. Für sie ist das ewig lächelnde Antlitz die neue Erziehungsmethode. Nur kommt es dann zu folgendem jähen Umsturz und Kulissenwechsel: Wenn die Kinder auf ihr Nett- und Freundlichsein mit „Ungehorsam“ reagieren, wenn sie ungehalten werden und nicht wie erwartet zurücklächeln, dann greifen diese Eltern automatisch auf die radikalen Erziehungsmethoden der Vergangenheit zurück: Der Eltern „Wunsch“ ist den Kindern Befehl!

Das heißt also, dass Eltern heutzutage sehr verwirrt sind ...
Ja, und das hat manchmal fatale Folgen: Eltern wechseln ihre erzieherischen Grundsätze öfter, als sie ihre Unterwäsche wechseln, sozusagen einige Male pro Tag. Ihr „nettes" Verhalten kippt in autoritäres um, was die Kinder dann total verunsichert: Ist das nette oder das strenge Gesicht der Mama die wahre Mama? – Theoretisch dürfte das nicht sein – wir meinen schon längst, alle Überbleibsel der autoritären Erziehung hinter uns gelassen zu haben, aber die Praxis in den Familien sieht noch immer anders aus.

Mein Ziel ist es nicht nur, Eltern eine Orientierungshilfe zu bieten, sondern vor allem, ihnen Gründe und Motive aufzudecken, weshalb es tatsächlich so notwendig ist, eine ganz bestimmte neue Richtung einzuschlagen. Ich möchte Eltern einen Weg aufzeigen, der nicht mehr von den alten Beweggründen einer auf dem Prinzip Gehorsam basierenden Erziehung gespeist wird. Und ich bin mir sehr wohl bewusst, dass meine Möglichkeiten auch nur begrenzt sind – also versuche ich, mir und den Menschen, die zu mir kommen, nichts vorzumachen.

Welches wäre dann Ihre wichtigste Frage im Bereich Erziehung?
Gewiss nicht die, wie Erziehung funktioniert oder wie Gewalt funktioniert, denn das eine wissen wir ganz genau: Sie funktionieren! Und sie greifen brutal durch – keine Frage! Je mehr wir die Integrität von Menschen verletzen, desto gehorsamer werden sie: Es dauert 20 bis 30 Jahre, bis sich jemand, der in seiner Kindheit geduckt, unterdrückt, misshandelt oder missbraucht worden ist, verändert. Das beste Beispiel liefern Frauenschicksale – wir fragen uns immer wieder: Weshalb sucht sich denn diese Frau immer wieder Typen, die sie vergewaltigen oder schlecht behandeln? Die Antwort ist eindeutig: Die Gewalt, die sie einst erfuhr, funktioniert weiter und pflanzt sich fort!

Es ist also wichtig, eine andere Frage zu stellen: Wie können wir uns auf einzelne Menschen beziehen, mit anderen Menschen umgehen, ohne ihre Integrität zu verletzen?

Aber es ist doch klar, dass wir uns als Individuen dauernd aneinander reiben, uns sogar verletzen – wir ecken zwangsläufig immer mal wieder an, wenn wir zu einer Gemeinschaft dazugehören wollen ...

Ja, wir wollen uns alle anpassen, denn jeder von uns will irgendwohin gehören. Trotzdem wollen wir auch als Individuen gesehen werden. Das ist der Konflikt zwischen Kooperation und Individuation.

Ich habe mal mit einer Frau gearbeitet, die nicht mehr mit ihrem Mann zurechtkam. Sie befand sich genau in diesem Konflikt: Wie kann ich dazugehören, ohne mich selbst zu verlieren, wie kann ich mich anpassen, ohne das, was mich wirklich ausmacht, aufgeben zu müssen? – Sie hielt sich für eine äußerst moderne, unabhängige, liberal denkende Frau, und ich erlebte sie in ihrem Berufsleben auch tatsächlich als Löwin. Nur, wenn sie mit ihrem Mann zusammen war, verhielt sie sich wie ein abhängiges, anschmiegsames Kätzchen – die Löwin war vergessen. Ich machte sie darauf bloß aufmerksam und sie fing an zu weinen, dann lachte sie und sagt: „Mein Vater, Großvater, Urgroßvater – sie alle waren Pfarrer. Und ich habe gemeint, ich hätte meinen Kampf mit dieser Familie beendet, als ich aus der Kirche ausgetreten bin." Das war für sie wohl ein notwendiger Schritt, um etwas auf Distanz zu gehen, aber als Individuum hat ihr diese Aktion nicht weitergeholfen: Sie hat zwar eine andere Uniform angelegt, aber es ist noch immer eine Uniform und keine Befreiung: Ihrem Mann gegenüber verhielt sie sich immer noch so, als hätte sie es mit dem Vater und Großvater zu tun – nett, lieb, ehrfürchtig.

Diesen Konflikt haben auch Eltern konstant, wenn sie schwierige Entscheidungen treffen müssen – Entscheidungen darüber, wie man es in seiner Familie gerne hätte, dass zum Beispiel weniger Coca Cola und Chips gekauft werden ... Dann meinen sie, sie könnten so etwas nicht durchsetzen, weil es in anderen Familien nicht verboten ist. Wenn ich über eine längere Zeitspanne mit Eltern in Gruppen arbeite, antworte ich ihnen auf ihre fatalistische Feststellung, es sei ja heute eh alles aussichtslos, in Form einer Bescheinigung, auf der Folgendes steht: „Ich, Vater von Alexander, gebe meine Verantwortung an die anderen Eltern aus der Klasse ab!" – Plötzlich horchen Eltern auf und protestieren dann auch sogleich: „Nein, natürlich möchte ich für meine Familie verantwortlich sein!" Und so gelingt es, Eltern nahe zu bringen, dass es wichtig ist, dass sie sich selbst erziehen und ihre Familienkultur aktiv bestimmen. In den nächsten zehn Jahren wird sich diese Aufgabe der Eltern vor allem im Umgang mit übergewichtigen Kindern als wesentlich erweisen. Sie müssen entscheiden, ob sie es weiterhin dulden wollen, dass sich ihre Kinder mit Fastfood ernähren, und es ist davon auszugehen, dass in jedem Elternhaus die Entscheidungen unterschiedlich ausfallen werden. Eltern müssen heute individuell entscheiden: Was wollen wir in unserer Familie einhalten? Dabei können sie sich auf keine äußere Autorität beziehen: Sie selbst müssen an sich und ihre Vorstellungen von Familie glauben und mit den Konflikten, die selbstverständlich daraus erwachsen, rechnen und fertig werden.

Es ist das erste Mal in der Geschichte, dass wir machen können, was wir wollen: Wir können uns kleiden, wie wir wollen, essen, was wir wollen, und wir können uns alles leisten.

Es gibt Eltern, die es tolerieren, dass ihre Tochter mit irgendwelchen Jungs herumhängt und Joints raucht. Sie meinen: „Sie muss durch diese Phase durch, was soll's!" Anderen wiederum wäre das zu viel: Sie wollen ihren Kindern nicht mehr alles durchgehen lassen, nur um mit ihnen gut Freund zu bleiben und damit die Kinder ihren Freunden sagen können: „Unsere Eltern sind gute Kumpels!" Es gibt also auch die, die den Kindern keine Freikarte mehr ausstellen wollen.

Deshalb bin ich sehr bemüht, und werde es auch in diesem Buch versuchen, den Eltern einige elementare Kriterien an die Hand zu geben, die ihnen als Navigationspunkte auf der Suche nach einer eigenen Familienkultur dienen können.

Der biographische Hintergrund

Welches waren die wichtigsten Stationen auf Ihrem persönlichen Lebensweg?

Es war mein großes Glück, in eine Familie hineingeboren zu sein, in die ich nicht hineingehörte. Ich war der Erstgeborene, mein Bruder ist drei Jahre jünger als ich. Als ich ungefähr vier Jahre alt war, habe ich gespürt, dass mir meine Eltern nicht das geben können, was ich brauche. Ich war klein und musste selbstverständlich bei ihnen bleiben, aber mental habe ich im Exil gelebt – ich habe mir meine eigene Welt zurechtphantasiert und habe mich dabei wohl gefühlt. Den meisten Menschen macht Einsamkeit zu schaffen, ich aber kenne gar keinen anderen Zustand – und nichts erscheint mir wünschenswerter, als alleine zu sein. Aus mir konnte also zum einen kein soziales Tier werden – ich habe es nicht einmal aus Versehen versucht, mich mit Menschen zu umgeben, nur um nicht alleine zu sein, auch später als Therapeut nicht. Zum anderen bin ich äußerst befähigt, für mich selbst zu sorgen: Ich brauche niemanden, der für mich sorgt, was manchmal für die anderen schwierig ist, denn: Wie soll man sich auf jemanden beziehen, der so unabhängig ist?

Meinen Eltern kann man rein äußerlich gesehen gar nichts vorwerfen. Damals war es normal, keinen Dialog zu führen:

Eltern sprachen mit ihren Kindern nur das Notwendigste, und auch Mann und Frau unterhielten sich so wenig wie möglich. Mein Vater hat in all den Jahren meiner Kindheit und Jugend kaum was erzählt, und wenn er mal was sagte, dann war das kurz und bündig. Meine Mutter hingegen redete die ganze Zeit, aber sie wusste nicht, wie man ein Gespräch führt. Sie wusste immer, was *man* in der einen oder anderen Situation zu sagen hat, was von einem erwartet wird: Sie hatte also Phrasen für den Todesfall, für Glückwünsche, für Unfälle oder Krankheiten parat, aber sie hat es nie zu ihrer eigenen Sprache gebracht. Sie sprach eine soziale Sprache, die ich nie lernen konnte und lernen wollte, so dass ich bis zum heutigen Tag nicht weiß, was *man* sagt. Manchmal würde ich diese Sprache auch gerne beherrschen und beispielsweise in einem Zugabteil Smalltalk führen, aber ich kann es nicht! Statt zu sprechen, schwieg ich also lange Zeit, weil mir einfach eine persönliche Sprache gefehlt hat und ich sie in diesem familiären Kontext auch nicht entwickeln konnte. Denn da galt folgender Satz: Die elementare Sprache, mit der Kinder geboren werden, bedurfte einer Korrektur – uns wurde damals das direkte „Ich will!“ oder „Ich will nicht“ ausgemerzt, auch in der Schule: Kein Satz durfte mit „Ich“ anfangen.

Es ist für mich noch immer eine große Herausforderung, zu entdecken, wie die äußere Realität zu meiner inneren passt, wie ich etwas Inneres nach außen bringen kann. Zu lernen, seine eigene Sprache zu sprechen!

Wie würden Sie Ihre Position im Leben beschreiben?

Ich sähe mich als ein ordentliches Mitglied des Verbandes der Kellner, wenn es so etwas gäbe. Ich tue das tatsächlich am liebsten, andere zu bedienen oder ihnen zu dienen. Und im Übrigen habe ich diesbezüglich sogar Erfahrungen: Als Student habe ich in den Semesterferien in Düsseldorf in der Altstadt als Kellner gearbeitet, um etwas Geld zu verdienen.

Was bedeutet es für Sie, in dieser Ihrer Familie groß geworden zu sein?

Was es für meine Arbeit bedeutet, dass ich am Rande meiner Familie gelebt habe, ist, dass ich mit Leichtigkeit festgestellt habe, dass Eltern und Partner über ihre eigenen Erwartungen stolpern. Erwartungen sind in vielen Familien das Verhängnis. – Ich hatte nie Erwartungen und demnach auch keine Angst, abgelehnt zu werden – und diese Angst sitzt vielen Menschen in den Knochen! Dass ich so völlig jenseits von Erwartungen lebte, verdanke ich der Tatsache, dass ich sehr früh spürte, dass meine Eltern nichts hatten, was sie mir wirklich hätten geben können. Sie hatten ein sehr enges Korsett um sich geschnürt.

Können Sie heute mit Ihrer Mutter über diese Ihre Eindrücke reden?

Nein, wir haben uns nichts zu sagen. Meine Mutter beklagt sich zwar, dass ich sie viel zu selten anrufe, und ich sage ihr dann auch aufrichtig: „Ich habe dir nichts zu sagen!" Und dann kommt einer ihrer klassischen „*man*"-Sätze als Antwort: „Man hat seiner Mutter immer etwas zu sagen!" – Sie merkt, dass etwas nicht stimmt, aber sie verlässt ihren Kurs nicht und bleibt bei ihrer Forderung: „Du musst mich öfter anrufen!" Für mich ist es aber keine Pflicht, dies zu tun. Sie hingegen gehört der Generation von Eltern an, die meinen, im *Recht* zu sein, wenn sie an ihre Kinder Forderungen stellen. Und solche Mütter sind gefährlich, denn sie ersticken jede Möglichkeit einer natürlichen Beziehung im Keim und sind sich dabei keiner Schuld bewusst: Sie sind im Recht, aber nicht in ihrem Wesen.

Sie meinen damit, dass sie eine Rolle spielen?

Ja, sie spielen die Rolle der „Mutter" – und diese Rolle spielen sie ihr ganzes Leben und haben außer ihr nichts zu bieten! Das ist nicht ihre Schuld – sie haben ein hohles Spiel übernommen und weitergeführt. „Mutter zu sein" – das war so etwas wie eine Ikone: Du darfst „Mütter" nicht kritisieren. Und das ist teils auch heute noch so! Sie machen sich unantastbar wie die Jungfrau Maria, aber das bringt uns Menschen keinen Schritt näher …

Meine Mutter hat mir das Leben geschenkt – das ist alles! Ich danke ihr dafür!

Es könnte sein, dass nun einige denken, es ist doch furchtbar, so über seine eigene Mutter zu reden. Doch ich weiß, dass die meisten Menschen aus meiner Generation anfangen würden zu weinen, wenn ich Geschichten aus meiner Kindheit erzählen würde: Sie wären zutiefst berührt, weil sie alle Ähnliches erlebt haben.

In ihrem Beruf ist ja Sprache wesentlich …

Ja, aber zu meiner Sprache habe ich nicht allein durch meine Berufsausbildung gefunden. Zunächst hatte ich keine akademische Laufbahn im Blickfeld, obwohl ich kein schlechter Schüler war. Ich wurde ganz einfach Matrose, und so kam ich endlich weg von meiner Familie. Drei Jahre lang gondelte ich auf den Weltmeeren herum.

Nach dieser Zeit wusste ich dann nicht, ob ich Lehrer oder Förster werden sollte – ich hatte nämlich als Jugendlicher ganze Wochenenden in den Wäldern der Umgebung verbracht. Aber ich wurde Lehrer. Meine Ausbildung dauerte fünf Jahre, und ich hatte damit Glück, denn meine Ausbildung hatte in der Tat etwas mit Bildung zu tun. Wir hatten sehr viel Zeit und durften uns freiwillig zwei Hauptfächer wählen – meine waren: Geschichte und Religion. Zu meinem Religionslehrer hatte ich einen sehr guten Bezug – er war es, der mich dann auch an die Universität schickte, um den neu entstandenen Fachbereich „Geschichte der europäischen Ideen" kennen zu lernen. So schrieb ich meine Abschlussarbeit über die Disputation zwischen Luther und Erasmus von Rotterdam über den freien Willen.

Dann habe ich geheiratet und meinen Sohn bekommen. Zu der Zeit fing ich an, in einem Institut zu arbeiten, das sich mit jugendlichen Verbrechern beschäftigte. Damals tauchte zum ersten Mal das Drogenproblem auf: Zwölf-, Dreizehn-, Vierzehnjährige, die sich mit LSD fertig machten – das war in den späten 60er Jahren. Ich habe damals gemerkt, dass mit dem Leben unmittelbar in Kontakt zu stehen für mich wesentlicher ist, als darüber nachzudenken. So blieb ich also mitten im Leben und ging einer akademischen Laufbahn aus dem Weg. Und schließlich habe ich den Familientherapeuten Walter Kempler[1] kennen gelernt.

Wie kamen Sie zu Kempler?

In dieser Institution, in der wir mit jugendlichen Verbrechern arbeiteten, stellte sich sehr bald ein Konflikt ein, und zwar zwischen der altmodischen und der neuen, der so genannten Hippie-Pädagogik. Die neuen Pädagogen sahen im Verhalten dieser schwierigen Kinder etwas Revolutionäres und deuteten alles als politische Aktion – in den 60er Jahren war alles politisch! Aber mich überzeugten weder die neuen noch die alten, so dass ich mich weder den einen noch den anderen anschließen konnte. – Was ich in dieser Zeit sehr rasch begriffen hatte, war Folgendes: Wenn ich diesen Kindern wirklich helfen möchte, dann kann ich das nur, indem ich ihre Eltern mit einbeziehe. Dies jedoch hatte man an diesem Institut noch nie gemacht. Und so kam es, dass mich jemand, der diese meine innere Einstellung und Überzeugung kannte, auf ein Seminar über Familientherapie aufmerksam machte. Es wurde von Kempler gehalten und war das erste dieser Art in Dänemark: Die Familientherapie war damals noch Neuland.

Kempler kam aus Kalifornien, hat sich dann aber in Holland niedergelassen: Er war nämlich einer jener amerikanischen Ju-

1 Siehe hierzu www.kempler.dk

den, die sich niemals mit den amerikanischen Werten haben anfreunden können. In Amerika hatte Kempler sehr eng mit Fritz Pearls zusammengearbeitet, die beiden sind dann aber auseinander gegangen – nicht im Streit, sondern einfach nur, weil Kempler auch die Notwendigkeit der Arbeit mit Beziehungen und nicht nur mit einzelnen Individuen in der Psychotherapie stark machen wollte. Später hat er dann das Kempler-Institut gegründet.

Für mich war das Seminar mit ihm ein wesentlicher Schritt. Es dauerte eine Woche – und ich habe in der Woche kein Wort gesagt, aber plötzlich war danach meine furchtbare Migräne, unter der ich schon Jahre litt, weg. Irgendwie habe ich wohl gespürt, dass ich meinen Kopf bislang unangemessen verwendet hatte.

Was hat Sie an Kempler so sehr beeindruckt, dass Sie dann seinen Weg einschlugen?

Seine Idee der Familie war für mich faszinierend: Sie stellte für mich genau das dar, was ich aus meiner praktischen Erfahrung kannte – ich hatte schon längst gespürt, dass etwas los ist in den Familien und man sich nicht nur mit „missratenen" Kindern beschäftigen muss: Man muss in die Familien gehen. Und Kempler bot mir für meinen ganz konkreten Weg die professionelle Inspiration – er war für mich eine Art „Grounding", ein Fundament.

Man könnte Ihren Weg als phänomenologischen bezeichnen, wollte man ihn irgendwie einordnen?!

Ja, ich vertrete eher eine phänomenologische Sicht der Dinge und bin mir dessen bewusst, dass meine therapeutische Arbeit gar keine Chance in der akademischen Welt hat. Ich verstehe mich als Beobachter und Diener des Durchschnittsmenschen!

Es ging mir auch nie darum, meinen Standpunkt durchzusetzen – zu der Zeit war es unter den Therapeuten sehr beliebt, sich über unterschiedliche Standpunkte auseinanderzusetzen, und dann wurde man sehr schnell lediglich der Diener oder Sklave seiner eigenen Einstellungen und hatte gar nicht mehr die Heilung der Kinder und Familien vor Augen. Ich habe keinen Standpunkt, auch heute nicht! Und ich strebe kein Modell an, das Eltern in der Erziehung einfach anwenden. Ich verlasse mich auf das, was ich beobachte, und stelle fest, dass die meisten Eltern aus Unwissenheit scheitern.

Aber wie helfen Sie Eltern, ohne ein Modell, eine Vorstellung von dem zu haben, worauf alles hinauslaufen soll?
Ein Modell im Kopf lässt die Wirklichkeit da draußen ersterben – sprich: Das Modell wird ihr nicht gerecht! – Wenn ein Vater so zu seinem Kind spricht, dass das Kind anfängt zu weinen, dann liegt die Frage auf der Hand: Warum muss er so sprechen, dass das Kind weint und unglücklich ist? Dann kommt die Replik: „Aber Kinder brauchen doch Grenzen!" – Nein, sie brauchen keine Grenzen,[2] sie brauchen einen gleichwertigen Dialog, der ihre Integrität nicht verletzt!

Um Eltern zu helfen, mit ihren Kindern in Berührung zu kommen, musste ich eine ganze Reihe praktisch-pädagogische Fähigkeiten entwickeln und es üben, schwierige Zusammenhänge einfach zu erklären, ohne sie zu simplifizieren. Wissen allein reicht nicht, man muss Erfahrungen sammeln, immer unterwegs bleiben und bereit sein, dazuzulernen.

Da fällt mir dieser komische Spruch ein: „Du kannst niemanden zum Therapeuten erziehen, Therapeuten werden geboren!" Ob das stimmt, mag dahingestellt sein – ich jedenfalls neige dazu, diesen Spruch anzuzweifeln. Aber was tatsächlich wahr ist, ist, dass es einige therapeutische Fähigkeiten gibt – und in meiner Ausbildungsarbeit mit Menschen, die einen therapeutischen oder pädagogischen Beruf ergreifen wollen, muss ich oft dem

2 Dazu mehr auf Seite 45.

einen oder anderen sagen: „Hör auf, Bücher zu lesen! Um dein Talent zu entdecken, musst du handeln! Lies schöne Poesie, aber keine Psychologie, weil sie dich völlig verformt! Du solltest lieber alles, was du tust, erklären, nachdem du es getan hast. Du musst es nicht vorher schon wissen." – Und eine meiner Beobachtung ist: Viele Menschen, die therapeutisch auf andere wirken, haben meist gar kein Interesse daran, Therapeuten zu werden. Und jene unter uns, die es von Anfang an nicht sind, versuchen ein Leben lang therapeutisch zu wirken.

Therapeut sein

Was verstehen Sie unter „therapeutischem Wirken" – ist das eine Begabung wie die, zu einem Schamanen berufen zu sein?

Nein, therapeutisch zu wirken, bedeutet für mich, so mit jemandem, der Schwierigkeiten hat, zu leben, dass es für ihn hilfreich ist, ohne ihm explizit das Gefühl zu geben: Jetzt will ich dir helfen! Du musst das und das tun oder verändern, dann wirst du glücklicher sein! – Nein, solche Ratschläge können niemandem helfen. Ich muss Situationen schaffen, in denen sich der andere vielleicht etwas wohler fühlt.

Zum Beispiel: Nehmen wir an, wir beide kennen uns schon sehr lange. Ich treffe Sie zufällig in der Stadt und ich merke, dass Sie sehr schlecht aussehen und bedrückt wirken. Natürlich können wir anfangen, über Ihr Problem zu reden, und es kann sogar sein, dass mir eine gute Idee einfällt, wie sie da herauskommen könnten. Aber nicht das ist es, was ich meine, wenn ich von „therapeutisch wirken" spreche. Therapeutisch wirken heißt einen ganz konkreten Weg finden und eine neue Lebenssituation schaffen. Um bei diesem Beispiel zu bleiben: Da ich Sie gut kenne, weiß ich, was Ihnen Flügel verleiht und Energie gibt –

also überlege ich mir nicht, welche psychologische Theorie oder Richtung ich Ihnen empfehle, sondern ich gehe nach Hause und hole mir die Zeitung und schaue, ob demnächst ein Konzert stattfindet, denn ich weiß, klassische Musik hören Sie gerne. Dann rufe ich Sie an und lade Sie zu diesem Konzert ein. – Und dies, meine ich, ist therapeutisch, ohne dass überhaupt ein Wort über Ihr momentanes Problem gesprochen wurde.

Sie schaffen also auch als Therapeut Situationen, sind also nicht fertig mit sich selbst und arbeiten immer noch an sich selbst weiter?

Ich bin nun mal Therapeut und meine auch, immer wieder therapeutisch zu wirken, aber ich lasse mich nicht blenden und habe kein Vertrauen in den, der mir zujubelt: Sie sind ein guter Therapeut! Die meisten sagen das nur deshalb, weil du einen Namen hast, und darum ist ihr Urteil irreführend …

Ja, ich bleibe unterwegs und werde nie hochmütig sagen: Ich hab's! Ich bin fertig!

Menschen gehen in Therapie, um ihre seelischen Schmerzen aufzulösen, und sie hoffen auf ein Leben ohne Probleme …

Ja, auf ein Leben, das es so gar nicht gibt! Ich habe es oft mit den so genannten „romantischen“ Eltern zu tun – die Frage, mit der sie sich am meisten beschäftigen, ist bedauerlicherweise: „Was können wir tun, damit unsere Kinder sich nicht mehr streiten oder miteinander balgen? Wir wollen nicht, dass sie aggressiv sind!“ Ich sage ihnen dann bloß: „Lasst sie allein!“ – Doch meist befriedigt sie diese Antwort nicht, denn sie haben die Vorstellung, sie müssten jede Aggression unterbinden; schließlich sind sie gegen den Krieg in der Welt. Was sie weiterbringen könnte, aber was sie nicht verstehen können, ist, dass die Menschen, die auch heute noch Kriege anzetteln, in einer Familie aufgewachsen sind, in der es verboten war, aggressiv zu sein, einer Familie also, in der die Kinder keine heilsame Beziehung zu ihrer Aggression entwickeln konnten.[3]

Können Sie ein Fallbeispiel anführen?

Mir fällt ein ganz schlichtes Beispiel ein – es geht um eine Familie, die zu mir kam, um meine Meinung zu einem kleinen Vorfall aus ihrem Urlaub einzuholen. Sie waren mit ihrem achtjährigen Sohn wieder mal in ihrem Lieblingsskigebiet. Und den Mann, der Skier ausleiht, kennen sie seit langem – er ist ein guter Freund der Familie. Sie gehen also in seinen Laden, um ihn zu begrüßen, aber er ist in ein Gespräch mit seinem Chef vertieft. Der kleine Sohn rennt zu ihm hin und fängt an, ihm etwas zu erzählen, worauf sich der Mann zu ihm hinwendet und ihm kurz und knapp sagt: „Ich bin beschäftigt!" Der Junge ist schockiert! Die Eltern erklären ihm nachher, dass ihr Freund ihn selbstverständlich noch immer mag, aber er hatte halt ein wichtiges Gespräch zu führen. Und nun wollten sie von mir wissen, wie ich das sehe und was sie vielleicht noch tun könnten. Meine Antwort fiel sehr einfach aus: „Es gibt hier nichts zu tun! Es ist alles perfekt! Euer Sohn hat eine wunderbare Lektion erhalten, ohne unterwiesen worden zu sein: Er ist auf einen anderen Menschen zugegangen und hat dessen Grenzen zu spüren bekommen. Es hat ihm sehr wehgetan, aber so ist das Leben!" – Der Mann hat ihm nicht gesagt: „Was bist du denn für ein schlimmer Junge! Siehst du nicht, dass ich mich unterhalte?", er hat also den kleinen Jungen nicht moralisch abgefertigt und abgeurteilt – er hat ihm bloß gesagt, was Sache ist: „Ich bin beschäftigt!"

Der Junge fühlt sich aber abgewiesen ...

Ja, er fühlt sich abgewiesen, zum Glück, weil er so die Grenzen des anderen kennen und respektieren lernt. Wenn er einen La-

3 Dazu später mehr auf Seite 128.

den betritt oder in ein Haus kommt, heißt es nicht, dass sich ab sofort alles nur um ihn dreht. Und das erfährt er von diesem Mann, ohne für schuldig erklärt zu werden – das ist ein Geschenk. Denn in der Regel machen Eltern genau das: Sie beurteilen, bewerten, machen ihre Kinder schuldig! Und da, meine ich, sind Fußböden oft bessere Erzieher als Eltern: Wenn nämlich ein Dreijähriger abenteuerlustig auf einen Stuhl krabbelt, obwohl die Eltern gewarnt haben: „Tu das nicht! Du fällst herunter!“, dann lernt er vom Fußboden, dass es sehr wehtun kann, vom Stuhl herunterzufallen. Das ist eine wunderbare Lektion: Der Fußboden kritisiert ihn nicht und spricht ihn nicht schuldig. Das tun dann aber leider die Eltern: „Du bist ein schlimmer Junge, und wenn du brav gewesen wärst, wärst du nicht heruntergefallen!“ Völlig überflüssig diese Aussagen – und sie tun dem Kind gewiss mehr weh als der Fußboden: Er steht nun als böser kleiner Junge da.

Also haben diese Eltern mit ihrem Achtjährigen im Skiladen auch eine Lektion erhalten.

Ja, Kinder sind für Eltern immer ein Herausforderung. Auch in dieser Familie ist der Sohn für den Vater eine Herausforderung, denn er ist ein Leistungsmensch. Er war auch bei den Ski-Meisterschaften dabei. Klar musste sein Sohn schon als Vierjähriger Ski fahren lernen – der Kleine tut es allerdings auch gerne, aber er hasst den Wettkampf. Und das ist eben die Herausforderung für den wettbewerbsorientierten Vater, denn er muss akzeptieren, dass sein Sohn anders ist und deshalb nicht schlechter oder besser ist als er. Aber diesbezüglich hatte dieser Vater auch kein Problem, er kam mit seiner Familie eher aus präventiven Gründen zu mir.

Inwiefern kann man einigem Unheil vorbeugen, inwiefern sich schützen?

Romantische Eltern wollen ihre Kinder vor dem Leben schützen – aber das geht nicht. Diese Familie wollte zum Beispiel auch ihren achtjährigen Sohn, der bereits in die Schule geht, vor folgender Kampagne schützen, denn sie sahen darin gar keinen Sinn – übrigens ich auch nicht, und deshalb fand ich ihren Einspruch unterstützenswert. Es handelte sich um Folgendes: Es gibt ein Projekt in Skandinavien, vor kurzem für Achtjährige eingeführt, das „Unheilsame Berührung" heißt. Viele junge Menschen werden von Erwachsenen missbraucht, und dies soll nun durch eine spezielle Unterweisung der Kinder verhindert werden: Kinder müssen wissen, dass es gut gemeinte Berührungen gibt, aber auch bös gemeinte, d. h. unpassende. Es wird also vorausgesetzt, dass das Kind zwischen gut und böse unterscheiden kann und dass es dann bei bösen Berührungen „Nein!" sagt. So etwas kann wirklich nur verkopften Psychologen einfallen. Es ist doch verrückt, anzunehmen, dass ein Achtjähriger eine Ahnung hat, worum es hier gehen soll. Und wenn dies die erste Begegnung mit dem Thema Sexualität ist, wohin soll das dann führen? Das würde uns wieder 50 Jahre zurückkatapultieren. Aber unsere Gesellschaft liebt ja die Anti-Kampagnen ... Ich bin mal gespannt, wann es eine Pro-Lebenskampagne geben wird.

Kinder gegen solche Kampagnen schützen zu wollen, finde ich gut. Und auch sie vor Lehrern zu schützen, die einen viel zu moralischen Standpunkt vertreten, wenn es um Sexualität und sexuellen Missbrauch geht. Denn Missbräuche jeder Art kann man nicht mit Moral austreiben, mit verbalen Ansprüchen und Imperativen.

Aber „Nein" zu sagen[4] ist wesentlich ...

Ja, und genau dafür haben die Frauen im vergangenen Jahrhundert erfolgreich gekämpft. Wenn du als Frau alleine ausgehst und dir ein Mann näher kommen möchte, muss es möglich sein, einfach „Nein" zu sagen – ohne jede Begründung. Du musst an

4 Dazu später auf Seite 137.

seinem Spiel nicht teilnehmen, selbst wenn er dir vorwirft: „Warum? Ist etwas mit mir nicht in Ordnung?“ Denn dies ist sein nie abgebrochenes Mutter-Kind-Spiel: Wenn seine Mutter gesagt hat „Nein!“, dann gab sie ihm das Gefühl, er sei nicht in Ordnung – und das tun Mütter gerne: Sie sagen nicht „Nein“, weil sie selbst als Person „Nein“ meinen, sondern weil du dich als kleiner Junge schlecht benimmst. Und wenn du dann erwachsen bist, dann kannst du dir gar nicht vorstellen, dass eine Frau „Nein“ sagt, weil sie selbst „Nein“ meint, und nicht, weil du nicht in Ordnung bist. Und dies sollte zwischen Erwachsenen möglich sein, ohne jede Begründung „Nein“ zu sagen.

Was sind Ihre Hoffnungen für den kleinen Kreis der Familie?
Meine Zukunftshoffnungen setze ich alle, wenn es ganz konkret um Wandlung und Veränderung geht, auf den kleinen Kreis der Familie – auch der Fremdenhass könnte vielleicht auf diese Weise gemindert werden, nämlich wenn wir in den Familien Kinder großziehen, die nicht so unsicher sind, was ihren eigenen Wert angeht. Im Großen, in der Politik beispielsweise, sehe ich realiter keine Veränderungschancen: Unseren Politikern fehlt Integrität – persönliche und politische. Es wäre aber schon im Kleinen viel getan, wenn es uns gelingen würde, mehr darauf zu achten, was zwischen den Menschen und in ihnen los ist.

Vielleicht würde sich auch im Großen mehr verändern, wenn sich Menschen häufiger in therapeutische Begleitung begeben würden ...
Therapie ist eine sehr kleine Nische der Realität. Ich bin kein blinder Idealist, der meint, wenn alle Menschen eine Therapie machen würden, wäre unsere Welt eine bessere. Aber es ist mir natürlich klar, dass in therapeutischer Aufsicht Menschen mit Konflikten besser umgehen könnten – und dies täte unserer Welt heute in der Tat gut!

Selbsterkenntnis und Eigenverantwortung

Eltern erwarten doch meist, dass ihre Kinder sich verändern. Inwiefern müssen sie sich aber auch selbst ändern?
Wenn Eltern feststellen, dass Kinder sich nicht so entwickeln, wie sie es sich vorstellen, oder dass sie sich schlecht benehmen, dann meinen viele, es würde reichen, jemanden zu bitten, die Kinder zu „reparieren". Dass das Verhalten der Kinder vielleicht etwas mit ihnen zu tun haben könnte, übersehen sie gerne. Aber wenn du wirklich möchtest, dass sich dein Kind verändert, musst du dich als Erwachsener in erster Linie verändern – und das heißt nicht nur neue Methoden oder Techniken einführen, sondern du selbst musst anfangen, an dir zu arbeiten. Diesbezüglich bin ich aber recht zuversichtlich: Die Anzahl jener Eltern, die diese Tatsache anerkennen, wächst erheblich.

Jedoch gibt es Eltern, die meinen, mit Geld alles lösen zu können ...
Ja, es gibt eine neue Gruppierung von jungen Eltern, die so sehr damit beschäftigt sind, Geld zu verdienen, und die diesbezüglich einen abnormen Ehrgeiz entwickeln, dass sie tatsächlich meinen, sich auch ihr Familienglück und ihre Gesundheit mit Geld erkaufen zu können. Sie sind bereit, große Summen zu zahlen, nur damit ihr Kind irgendwo gut untergebracht ist, und wenn es dann Probleme gibt, wollen sie die „schwierigen" Dinge möglichst rasch weghaben und zahlen dafür, was immer es kosten mag.

Wenn solche Eltern zu Ihnen kommen, müssen sie aber damit rechnen, dass auch sie gefordert werden ...
Mein Ehrgeiz ist es, Eltern wahrzunehmen: mit ihnen eine gewisse Zeit zu verbringen, um ihnen dann mitzuteilen, was ich da so beobachte und auf sie zukommen sehe. Worauf ich dabei immer achte, ist, wie ich meine Mitteilungen verpacke, damit meine Worte sie auch wirklich erreichen und sie sich darin

wiederfinden. Um einen Veränderungsprozess in Gang zu setzen, ist es wesentlich, die Eltern nicht zu verurteilen, sie schlecht und schuldig zu machen. Damit erreicht man gar nichts, außer dass sie sich ausgesetzt fühlen.

Nachdem ich den Eltern meine Wahrnehmungen mitgeteilt habe, erwähne ich einige Möglichkeiten, wie sich ihr Familienklima verändern könnte, und ich mache auch kein Hehl daraus, dass ich möglicherweise eine von den Möglichkeiten bevorzuge ... Sie dürfen dann entscheiden, ob und wie wir weiterarbeiten, denn der erste entscheidende Schritt ist, dass sie sich daran gewöhnen, selber Verantwortung zu übernehmen.

Verantwortlich leben

Sie schreiben: „Kinder sind von Geburt an sozial und menschlich ..." – führen Sie da nicht jegliche Erziehungsarbeit ad absurdum? Oder ist ein anderer Begriff von „Erziehung" nötig?
Im Dänischen kann man mit dem Wort „erziehen" zweierlei ausdrücken: „erziehen" im herkömmlichen Sinne von „korrigieren, maßregeln", aber auch „erziehen" im Sinne von „großziehen", und das heißt: jemandem helfen, erwachsen zu werden, ihn sozusagen ins Leben „hineinziehen". Und diese zweite Bedeutung von „erziehen" ist mir sehr sympathisch.

Ich bin also keineswegs der Meinung, dass Kinder nicht erzogen werden sollten, aber ich meine damit nicht, dass Erwachsene Kinder dauernd korrigieren, sondern ich meine, dass Erwachsene sie ins Leben hinein begleiten können – und dafür brauchen Eltern sehr viel Geduld und Offenheit!

Erziehung ist nicht nur aufbauend, sondern sie kann auch sehr zerstörerisch wirken, wenn sie in einem hierarchischen Sinne betrachtet wird: Ich als Vater bin oben und habe immer

Recht! So kann keine Beziehung zwischen Erwachsenen und Kindern gedeihen. Und wenn man wirklich Dinge verändern will, dann braucht man Zeit. Man muss Dinge loslassen können – zum Beispiel, wenn wir, meine Frau und ich, über das Benehmen unseres Sohnes erstaunt und entsetzt waren, haben wir es uns zur Gewohnheit gemacht, diesen Tag im Kalender rot anzukreuzen. Dann haben wir einen bestimmten Zeitpunkt festgelegt und uns gedacht, wenn er sich bis dahin nicht verändert hat, dann müssen wir etwas unternehmen. Und es war tatsächlich jedes Mal so, dass sich immer etwas verändert hat – und eine Intervention überflüssig wurde. Dies hat sich bei uns also öfters bewährt: nicht gleich handeln, geschweige denn mit Strafen drohen oder gar bestrafen, sondern erst mal abwarten.

Im Deutschen gibt es ein Sprichwort, das hierzu gut passt: „Gut Ding braucht Weile".

Ja, das merkt man auch bei Erwachsenen, die sich in therapeutischer Behandlung befinden. Klar gibt es Fälle, in denen sich eine echte Veränderung blitzartig einstellt, aber bei den meisten dauert der Prozess bis zu fünfzehn Jahren. Und deshalb finde ich es absurd, wenn Eltern die Vorstellung haben, ihre Kinder müssten sich sofort ändern, nur weil sie es sich so wünschen. Statt „Erziehung" – einem Begriff, der Einseitigkeit beinhaltet – müssten wir eine Terminologie finden, die sofort deutlich macht und klar anzeigt, dass es sich um einen gegenseitigen Prozess des Einwirkens aufeinander handelt, dass beide Seiten, die sich in Interaktion befinden, „erzogen" werden.

Erziehung ist also schlichtweg Beziehung?!

Ja, Beziehung wäre insofern ein guter Begriff, als er die Gleichwertigkeit zwischen Eltern und Kindern betont – worauf es tatsächlich ankommt –, nur meine ich nicht, dass die Erwachsenen die Führung abgeben sollen: Kinder kommen zwar mit sehr viel

Weisheit, aber sehr wenig Erfahrung zur Welt, so dass sie der Führung durch die Erwachsenen bedürfen. Kinder, denen diese Führung nicht zuteil wird, sind sehr unglücklich und sie bleiben es, auch wenn sie älter werden.

Ich habe beispielsweise auch mit Menschen gearbeitet, die in einem Kibbuz groß geworden sind. Sie waren alle nicht besonders glücklich. Im Kibbuz ist es nämlich nicht erlaubt, die Elternrolle zu übernehmen: Die Gemeinschaft tut das. In Kopenhagen habe ich mal mit einem Paar, beide Mitte 30, gearbeitet, die sich noch Jahre danach bei mir bedanken wollten, und ich wusste gar nicht, wofür ... Sie haben mir erzählt, dass sie beide in einem Kibbuz aufgewachsen sind und überzeugt waren, keine guten Eltern sein zu können, so dass sie sich gegen Kinder entschieden hatten. Nach dem therapeutischen Prozess aber haben sie den Entschluss und Mut gefasst, doch welche zu bekommen.

Kinder brauchen eine Führung, aber nicht die, die wir ihnen bislang angeboten haben. Sie brauchen eine kontinuierliche Begleitung und keine militärische Oberaufsicht.

Also ist ein Kommunenleben keine wirkliche Alternative und die Familie das einzig gute Modell?

Selbst wenn wir uns von der Familie befreien wollen, es wird nicht möglich sein: Sie ist nicht nur ein gutes Modell, sie ist vielmehr für das Kind ein existentiell notwendiges ...

Ich habe mit meiner ersten Frau und meinem Sohn bis zu seinem achten Lebensjahr auch in einer Kommune gelebt. Und ich werde den Tag, an dem wir ausgezogen sind, nie vergessen: Mein Sohn war so froh, obwohl er sich bis dahin nie beklagt hatte.

Aber Kinder, die in einer Gemeinschaft aufwachsen, haben doch viel mehr Gesprächspartner. Entwickeln sie sich mental nicht schneller?

Das ist wahr, dass sie mehr Gesprächspartner haben! Aber ich weiß nicht, ob sie sich schneller entwickeln. Es ist sicher für Erwachsene, die keine Verantwortung übernehmen wollen, sehr bequem, aber das, was die Familie dem Kind gibt, kann keine Kommune und kein Nachbar ersetzen. Es gibt für die Familie keine Alternative.

Wieso?

Weil sich in der Familie der innere Halt des Kindes entwickelt – das heißt: das Selbstwertgefühl[5], jene Stimme in uns, die sagt: „Okay, die Welt ändert sich, die Menschen auch, aber zumindest weiß ich, was ich mir selbst bedeute!" Wenn dem so ist, dann können wir getrost in die Zukunft blicken und nicht jeden Tag aufs Neue schockiert, sondern jeden Tag aufs Neue überrascht sein und uns fragen, wenn wir zum Beispiel in einer Partnerschaft leben: „Ich bin gespannt, wer sie heute ist!" Das bedeutet: offen sein, und mit dieser Haltung lädst du jeden in deiner Umgebung ein, sich auch zu öffnen, und schaffst eine Atmosphäre, in der sich jeder frei entfalten kann – und das wiederum ist für Kinder sehr wichtig. Viele Eltern behaupten nämlich, sie würden ihre Kinder kennen, aber damit meinen sie nur: „Ich kenne sie besser, als sie sich selbst kennen, deshalb darf ich sie bevormunden!" Im Grunde kennen sie nur ihre äußere Seite, und auch die besteht zu 80% aus Projektionen der Eltern.

Wenn man aber fünfzehn Jahre mit einem Kind zusammengelebt hat, dann kennt man es doch?!

Zu sagen, du würdest sie ganz und gar kennen, ist falsch. Du kennst sie so, wie sie sich dir gegenüber verhalten, aus den familiären Situationen, du kennst ihre spontanen Reaktionen auf ganz bestimmte Dinge …, aber du kennst sie nicht in ihrer

5 Dazu später auf Seite 91.

Ganzheit, das ist unmöglich, und es wäre vermessen, dies zu behaupten oder sie zu beraten.

Trotzdem will ich ja meinem Kind vielleicht einen Rat geben ...
Ja, und das kannst du auch, nur nicht indem du dich aufs Podest stellst und sagst: „Du musst dies oder das tun, denn ich kenne dich! Niemand kennt dich so gut wie ich!" Wäre es nicht angemessener zu sagen: „Schau, so wie ich dich kenne, meine ich, dass dies oder das nicht sehr zu dir passt ..."? Mit so einem Satz habe ich ausgedrückt, dass ich einen persönlichen Bezug zu meinem Kind habe und dass ich es aufgrund unserer Beziehung kenne und nicht, weil ich über ihm stehe, was überhaupt nicht der Wahrheit entspricht und auch total unpersönlich auf es wirken muss, so dass ihm nichts anderes übrig bleiben kann, als zu protestieren.

Sie sprechen von einem „pädagogischen Paradigmenwechsel", wenn Sie von der Notwendigkeit sprechen, vom Gehorsam zum Verantwortungsbewusstsein überzugehen – wie soll das konkret im Familienalltag realisiert werden? Respekt, Eigenverantwortung, das klingt wunderbar, aber wie sieht's in der Praxis damit aus?
Um diese Frage beantworten zu können, möchte ich den Unterschied zwischen Verantwortung und Macht etwas näher beleuchten. Wenn wir über die Tatsachen sprechen, dass Kinder bis zu einem gewissen Grad fähig sind, Verantwortung für ihre eigene Person zu übernehmen, dann denken Eltern sofort, das kann nie und nimmer hinhauen. Und warum denken sie das? Weil für sie der Satz: „Ich muss die Verantwortung tragen" gleichbedeutend ist mit dem Satz: „Ich habe die Macht inne; ich bin ermächtigt". Aber Verantwortung hat nichts mit Macht zu tun.

Es ist eine reale Herausforderung, aber gleichzeitig eine äußerst philosophische Angelegenheit, dass jeder von uns für sein eigenes Leben verantwortlich ist – für unsere Emotionen, unsere Gedanken, für unser Sein. Denn es ist erschreckend: In dem Augenblick, in dem du Verantwortung übernimmst, wirst du mit deiner elementaren Einsamkeit konfrontiert. Ich kann niemanden für mein Leben so, wie ich es lebe, beschuldigen – ich kann mich zwar auf meine Kindheit beziehen und sagen, dies oder jenes hat mich sehr beeinflusst, aber ich weiß, ich kann mich damit nicht herausreden – die Verantwortung für mein Leben trage ich alleine und niemand sonst! Und in diesem Zusammenhang steht der Mensch vor einer existentiellen Wahl und hat zwei Möglichkeiten: Will ich verantwortlich sein für mein Leben, oder will ich ein Opfer sein? – Die meisten von uns werden sofort sagen: „Natürlich will ich verantwortlich sein. Ich war lange genug ein Opfer und habe es satt, von anderen gegängelt zu werden!"

In den Familien haben wir eine alte Tradition, der wir nicht so leicht entkommen können, nämlich dass Eltern die persönliche Verantwortung für ihre Kinder tragen, selbst wenn sie mit dieser „guten" Absicht die Kinder komplett übergehen. In Wirklichkeit können Eltern nur vorgeben, für ihre Kinder verantwortlich zu sein, sie sind es aber nicht. Denn wenn du deine Verantwortung an jemand anderen abgibst, gehst du verloren – auch als Kind. Nur können Kinder so nicht über ihre Verantwortung reden. Kein Kind kommt zu seinen Eltern und sagt: „Ich möchte mehr Verantwortung für mich!" Kinder sprechen nicht in philosophisch-existentiellen Begriffen, sie sprechen in sozialpolitischen Begriffen – sie werden dir also sagen: „Warum entscheidest du, wann ich ins Bett gehe? Ich möchte es bestimmen!" Oder: „Wann bin ich alt genug, um das selbst zu entscheiden?!" Der Fehlschluss von Eltern ist nun, zu meinen, wenn sie dem Kind mehr Verantwortung zusprechen würden, dann würden sie ihm mehr Macht einräumen, was dann hieße, sie hätten ab sofort weniger.

Können Sie ein Beispiel geben?

Ich wurde mal von einer Mutter konsultiert, die mir dann schlichtweg sagte: „Was in ihrem Buch steht, ist nicht richtig! Sie müssen das korrigieren! Wir haben einen neunjährigen Jungen, und wir müssen jedes Mal mit ihm kämpfen, damit er ins Bett geht, um am nächsten Tag ausgeschlafen in die Schule zu gehen. Und dann habe ich ihr Buch gelesen, in dem steht, dass wir den Kindern die Verantwortung überlassen sollten, wann sie ins Bett gehen und wie viel sie essen wollen. So haben wir beschlossen, dass wir es ihm überlassen, wann er sich schlafen legt, wenn wir in unserem Wochenendhaus sind – in den Ferien oder am Wochenende. Aber auch da geht er nicht vor zwei oder drei Uhr in der Früh ins Bett – also es funktioniert nicht!"

So wie diese Mutter denken die meisten Menschen über die Verantwortung nach. Aber die persönliche Verantwortung ist nicht etwas, was man dem Kind manchmal einräumt und manchmal nicht! Entweder hat es sie oder es hat sie nicht! Der kleine Junge kann sie nicht nur am Wochenende haben und den Rest der Zeit nicht. Denn so wird aus Verantwortung Macht.

Für mich war es wesentlich und wirklich ein großes Geschenk, das mir meine Mutter gemacht hat – bestimmt ohne Absicht, denn sie hat, wie alle Mütter aus der Zeit, an strikte Regeln geglaubt: Als ich mit 13-14 Jahren anfing, auszugehen, sagte mir meine Mutter: „Komm nicht zu spät nach Hause!" – Sie ließ mir also den Raum, zu entscheiden, wann es für mich „zu spät" war, sie sagte also nicht: „Um 22 Uhr musst du zurück sein!" Ich durfte also für mein „spät" die Verantwortung übernehmen.

Warum ist es für Eltern so schwierig, zwischen Macht und Verantwortung zu unterscheiden?

In diesem Beispiel mit dem Jungen, der nicht schlafen gehen wollte – da haben die Eltern Verantwortung wie Macht behandelt. Und sie haben gemeint, wenn sie ihrem Sohn ab und zu etwas mehr Macht einräumen, könne man ihnen nichts mehr vorwerfen. Hätten sie ihn als verantwortliche Person anerkannt, dann wären sie auch frei gewesen, zu sagen, was sie persönlich davon halten, dass er so spät ins Bett geht: „Ich meine, du bleibst zu lange auf. Du solltest vor Mitternacht ins Bett gehen." Ich lasse ihn also wissen, was ich denke, und er kann mir nun mitteilen, was er denkt. So teilen wir die Verantwortung und haben einen gleichwertigen Dialog, in dem sich keine Gewinner-Verlierer-Situation einstellt.

Unter Erwachsenen tun wir das – wir teilen die Verantwortung und tauschen uns danach aus. Zum Beispiel: Ich bin in unserem Projekt eher fürs Schreiben verantwortlich und Sie eher fürs Reden. Wenn ich nun im Nachhinein etwas niederschreibe, was für Sie so nicht stimmig ist, dann sagen Sie es mir, und wir tauschen uns aus …

Ja, und genau diesen Austausch verbieten wir uns mit Kindern. Dabei ist es so, dass Kinder bereits mit vier Monaten ihre erste individuelle soziale Entscheidung treffen: Den einen Erwachsenen mögen sie, den anderen nicht. Obwohl wir im Leben genau dieselbe Entscheidung immer wieder treffen, erlauben wir es gerade Kindern nicht: Sie müssen alle mögen und zu allen nett sein! Und dann kommt es zu den abstrusesten Begründungen: „Du musst diese Tante lieb haben, weil sie dich liebt!" So ein Argument würden wir keinem anderen Erwachsenen gegenüber äußern: „Du musst mich lieben, weil ich dich liebe!" Aber so verkehrt es auch ist, den Kindern sprechen wir die Verantwortung dafür ab und bestimmen am liebsten selber, wen sie zu mögen haben und wen nicht. Das geht so weit, dass manche Eltern sich sogar einmischen, wenn es um den Freundeskreis ihres Kindes geht.

Zum Beispiel ist meine Mutter sehr verwirrt, dass ihr jüngeres Enkelkind sie nicht mag: „Ich mag dich nicht", sagt es zu ihr.

Und ich hoffe, dass mein Bruder, sein Vater, ihn deshalb nicht beschimpft. Der ältere Sohn hingegen ist sehr gut zu ihr – beide Söhne kooperieren, jeder auf seine Art, mit den Erwachsenen: Der ältere kopiert das äußere Verhalten des Vaters, denn er ist auch sehr nett zu ihr, der andere hingegen bringt die geheime Beziehung des Vaters zu seiner Mutter zu Tage: nämlich seine stille Ablehnung.

Kinder bestimmen heute mehr und mehr über ihr Aussehen – heißt das, dass es gut ist, ihnen jeden Wunsch zu erfüllen?

Natürlich haben Kinder eine Vorstellung davon, wie sie aussehen möchten – welche Kleider sie tragen wollen, welchen Haarschnitt usw. Aber das heißt noch lange nicht, dass du ihnen alles kaufst, was sie sich wünschen. Es heißt nur, wenn sie sagen: „Ich möchte diese Schuhe!", dass du das ernst nimmst. Und es kann vielleicht tatsächlich so sein, dass du sie ihm nicht kaufst und ihm sagst: „Ich sehe, dass dir diese Schuhe gefallen, aber sie sind für uns einfach zu teuer! Du musst dir andere suchen." Es geht hier also nicht um ein Machtspiel – um die Frage: Wer ist ermächtigt? –, sondern darum, auf den anderen einzugehen und ihn ernst zu nehmen.

Ähnlich ist es im Dialog zwischen Mann und Frau: Der eine will nach Spanien in Urlaub fahren, der andere nach Finnland. Sie müssen eine Lösung finden – eine Möglichkeit wäre: „Dieses Jahr fahren wir nach Spanien, aber nächstes Jahr fahren wir nach Finnland." Beide Wünsche wurden ernst genommen, und es darf auch hier nicht um die Frage gehen, wer ist mächtiger, wer setzt sich durch, denn das führt in die Beziehungslosigkeit. Wenn sich beide einig sind, dass das Wichtigste für beide ist, zusammen irgendwohin zu fahren, dann können sie miteinander offen darüber sprechen, müssen ihre Wünsche nicht unterdrücken und finden dann auch gewiss eine Lösung. Für die Generation meiner Eltern war zum Beispiel dies, dass man zusammen in den

Urlaub fährt, ein MUSS! Heute geschieht es freiwillig, wenn beide wollen – ja, aber sie müssen nicht!

Wie läuft das aber mit den Kindern?

Genauso – das Kind will etwas, was du wirklich nicht gut findest, dann musst du ihm das mitteilen und ihm klar machen, weshalb du seine Idee nicht gut findest. Und es wird dich genauso ernst nehmen, wie du es ernst nimmst. Denn wenn du dazu nicht bereit bist, ein Kind ernst zu nehmen, erwarte auch nicht, dass es dich ernst nimmt! Wenn ein Kind spürt, dass du es nicht ernst nimmst, dann wird es dich hinter deinem Rücken boykottieren und dir nur zum Schein „folgen".

Auch da scheint es Ihnen also um Beziehung zu gehen ...

Ja, es geht mir um eine neue Qualität der Beziehung zueinander, dass man sich im Gespräch sucht und findet. Aber ich möchte damit nicht die Tatsache verschleiern, dass Eltern Macht haben. Natürlich sind sie in jeder Hinsicht mächtig – finanziell, sozial, emotional, physisch, aber es geht mir um eine andere Art, mit dieser Macht umzugehen.

Ich kenne in Zagreb die Familie eines Diplomaten. Vater und Mutter wollen nach Dänemark zurück wegen der Schulausbildung ihrer Kinder, und sie haben dies mit ihnen besprochen. Emotional fanden die Kinder diese Idee furchtbar: Als sechs- oder siebenjähriges Kind kümmert dich deine Zukunft, die Schule, die Ausbildungs- und Studienmöglichkeiten herzlich wenig. Aber die Eltern sind dabei geblieben und haben dann schließlich den Entschluss gefasst: Wir gehen zurück! Aber weil sie diesen Prozess des Austausches hatten, konnten die Kinder irgendwann auch Okay sagen, obwohl sie noch immer traurig darüber waren. Diese Eltern haben nicht mit ihren Kindern verhandeln wollen wie auf dem Markt, sondern sie wollten eine offene Aussprache – wir setzen uns gemeinsam an den Tisch und jeder sagt, was er fühlt, dann unterhalten wir uns nächste Woche wieder darüber. Und so sind sie zu einem Resultat gekommen, das für alle in Ordnung war! In dieser Familie ging es auch nicht um eine demokratische Wahl – demokratische Werte sind zwar wunderbar, aber es gibt sehr viele Dinge in den Familien, über die du nicht abstimmen kannst, weil es keine Mehrheit gibt. Also müssen andere Werte gefunden werden: zum Beispiel offen und fair miteinander sprechen.

Aber das ist doch nicht besonders befriedigend für mich als Kind, wenn ich weiß, die Eltern fragen mich zwar nach meiner Meinung, aber setzen sich dann doch durch.

Es ging dieser Familie nicht darum, Überzeugungsarbeit zu leisten – es ging tatsächlich um den Dialog und nicht um eine scheinheilige Diskussion oder Verhandlung, in der der eine den anderen überzeugen will, dass seine Version besser ist. Und einen Dialog zu führen, das bedeutet, wenn wir nun an unser Beispiel mit dem Urlaub denken, dass du mir erklären musst, weshalb Spanien für dich angenehmer ist als Finnland. Was Paare aber dann sehr schnell tun – sie wollen Recht haben oder sie kritisieren den anderen: „Du willst ja nur deshalb nach Spanien, weil du faul bist und in der Sonne herumliegen möchtest, statt mit mir in Finnland wandern zu gehen." Der Dialog entartet sehr schnell und wird zu einem Machtkampf, in dem dann irgendwann einer aufgibt, was seinen Preis hat: „Jetzt bist du mir etwas schuldig!"

Warum fällt es uns so schwer, miteinander zu sprechen?

Es gibt in Familien keine deutlichen Hierarchien, also müssten wir eigentlich miteinander gut sprechen können, aber wir können es nicht, weil wir es nie gelernt haben, weil unsere Eltern uns vorgeschrieben haben, was wir zu tun und lassen haben. Sie haben befohlen, statt mit uns zu reden. Deshalb finde ich es sehr fruchtbar, wie sich in dieser Diplomatenfamilie der Austausch von Gefühlen und Gedanken vollzogen und wie sich jeder ernst genommen gefühlt hat.

Die wenigsten von uns haben mit ihren Eltern einen wirklichen Dialog geführt, und zwar einen Dialog, den die Eltern aus ihrem eigenen Bedürfnis heraus gewollt hätten. Und dabei ist es für Kinder wesentlich, Eltern zu haben, die ein wahres Interesse an ihrem Leben haben, die wirklich herausfinden wollen, wer ihr Kind ist, deren Fragen sich nicht nur darauf beschränken: „Wann bist du gestern nach Hause gekommen?“ Und: „Warum so spät?“ Sondern Eltern, die fragen: „Was bewegt dich? Was geschieht gerade in deinem Leben?“, statt mit ihren gewohnten „Kontrollfragen“ die Kluft zwischen sich und den Kindern noch größer werden zu lassen.

Eltern tun das vielleicht, weil sie sich verantwortlich fühlen ...

Ja, nur, wenn sie meinen, es sei ihre elterliche Verantwortung, wann ihre Tochter nach Hause kommt, dann dürfen sie sich nicht wundern, wenn ihre Tochter anarchistisch und selbstzerstörerisch wird, oder die andere Möglichkeit, auch nicht sehr viel besser: übertrieben gehorsam und ohne Eigeninitiative, mit anderen Worten leicht manipulierbar.

Für das eigene Leben die Verantwortung zu übernehmen, ist etwas, was jeder von uns lernen muss. Und es braucht Zeit, viel Zeit! Ich habe 25 Jahre dafür gebraucht, und ich meine, noch immer unterwegs zu sein.

Das klingt ja auch nicht gerade leicht, obwohl es philosophisch gesprochen so selbstverständlich ist ...

Ja, weil verantwortlich zu leben ein neues Konzept ist – unsere Gesellschaft will das nicht wirklich, dass Menschen verantwortlich sind: Sie will nach wie vor den angepassten, gehorsamen Menschen. Deshalb ist es für Eltern eine vollständig neue Aufgabe: Sie können nicht immer „Ja“ und auch nicht immer

„Nein" sagen, sie müssen da sein, gegenwärtig, ein Partner sein, der das Gleichgewicht zwischen Ja und Nein findet, zwischen Widerstand bieten und nachgiebig sein – das ist die neue Rolle der Eltern und der einzige Weg, dem anderen zu helfen, seine Verantwortung auf sich zu nehmen.

Ich habe das von meiner Frau gelernt. Wenn sie mich am Samstagabend gefragt hat: „Was soll ich anziehen?", und ich ihr ein ganz bestimmtes Kleid genannt habe, war ich immer wieder erstaunt, dass sie dann ein völlig anderes Kleid anhatte! Die meisten Frauen verstehen sofort diesen Mechanismus – ich war ihr hilfreich, weil ich mir Gedanken über ihr Aussehen gemacht habe; das ist also der Aspekt des Widerstands: „Du trägst immer schwarz, zieh doch mal das rote Kleid an!" Und nun kennt sie meine Meinung und kann ihre Entscheidung treffen.

Die meisten Männer verstehen mich nicht und sagen: „Warum kümmerst du dich überhaupt darum und verschwendest deine Energie, wo du eh weißt, sie macht es anders?" Sie sehen also nur den Teil: Diese Frau gehorcht nicht. Sie sehen den anderen nicht: Diese Frau will meine Meinung hören! Sie will den Dialog!

Wie ist das mit Kindern?

Genauso – wenn du ihnen nie gestattest, das zu tun, was sie wollen, fühlen sie sich übergangen. Und wenn sie immer bekommen, was sie wollen, ebenfalls – in beiden Fällen fühlen sie sich alleine gelassen. Es geht also nicht darum, was richtig oder falsch ist oder wer Recht oder Unrecht hat, es geht nicht darum, über etwas abzustimmen, sondern darum, den Eltern einen Sinn dafür zu vermitteln, dass es wesentlich ist, für die Existenz der Kinder Interesse zu zeigen.

Zum Beispiel – wenn die Eltern sagen: „Morgen gehen wir Onkel Tom besuchen!", und das Kind sagt: „Aber ich will nicht!", dann – und das mag nun banal klingen, aber es ist nicht leicht! –

müssen die Eltern an dieser Antwort Interesse zeigen: „Oh, das überrascht mich jetzt! Warum willst du nicht?" – „Weil ich mit meinem Freund Fußball spielen möchte!" – Und so kann ein Dialog zustande kommen, und dabei wird es immer unwichtiger, Recht zu haben und sich durchzusetzen. Wichtig ist der Prozess – und ob er dann zu Hause bleiben darf oder mitgeht, ist zweitrangig.

Ja, nur kann ich nicht lange mit meinem Sohn diskutieren, wenn er bei Rot über die Straße laufen will, dann muss ich ihn packen und aufhalten!

Genau, das ist okay! Da gibt es auch nichts zu diskutieren.

Inwiefern sind also „strenge Worte" doch notwendig?

Ich möchte dies anhand des Beispiels mit dem Jungen, der nicht zum Onkel mitkommen möchte, erläutern. Nehmen wir an, er sagt ganz einfach: „Ich habe keine Lust mitzukommen, weil es mir dort langweilig ist." Wenn du ihn nun gleich anfährst und sagst: „Wie kannst du nur so etwas sagen, es langweilt dich. Der Onkel hat dich schließlich sehr lieb!", dann gibst du ihm das Gefühl, er sei nicht in Ordnung: Er ist schlecht und undankbar! Obwohl du eigentlich derjenige bist, der die Realität verkehrt: Wenn dich jemand liebt, liebt er dich – und fertig, du musst ihm dafür keine Dienste erweisen: Weil er mich liebt, muss ich alles tun, was er will!

Aber ich sage nicht, dass das Kind der liebe Gott ist – du musst also nicht den Onkel anrufen und ihm sagen: „Unser Sohn will dich nicht besuchen, also bleiben wir alle zu Hause!" Das ist nämlich nichts als eine neue Diktatur, aber kein Dialog und keine Beziehung. Wenn du ihn ernst nimmst, dann kannst du ihm zum Beispiel sagen: „Ich verstehe, dass dieser Besuch für dich langweilig ist, aber ich möchte trotzdem, dass du mitkommst – nimm dir ein paar Bücher mit oder frag deinen

Freund, ob er nicht auch mitkommen möchte, dann könnt ihr dort gemeinsam Fußball spielen!" Dann kann der Kleine noch immer einwenden: „Aber ihr tut es ja auch nur aus Pflicht und nicht, weil ihr den Onkel liebt!" Und du bleibst dabei: „Ja, es ist eine Pflicht, aber für uns ist es eine wichtige Pflicht!"

Also, auch hier ist es klar, du bist dabei geblieben: Es wird zum Onkel gegangen! Du hast nicht dem Kind die Entscheidung überlassen und ihm die Macht zugesprochen – nein, du hast selbst entschieden. Aber du hast auch das Bedürfnis des Kindes wahrgenommen – und genau darum geht es, dass die Kinder frühzeitig trainiert werden, mit- und nachzudenken, sich selbst immer zu fragen: Was möchte ich? Und weshalb möchte ich etwas nicht? Gibt es einen Ausweg oder Kompromiss? Diese Fragen sind später im Leben äußerst wichtig. Und die meisten Menschen heute – vor allem die ab Mitte dreißig aufwärts – können dir nicht direkt sagen, was sie wollen!

Und warum?

Weil niemand da war, der sich in ihrer Kindheit für ihr Leben, ihre Wünsche und Hoffnungen interessiert hat. Sie haben also keine Übung darin – und vor allem große Angst, dass sie in Schwierigkeiten geraten, wenn sie wirklich sagen, was sie möchten.

Deswegen setzen Sie sich also so sehr für den persönlichen Dialog ein, in dem sich Menschen trauen, das zu formulieren, was in ihnen vorgeht?

Ja, weil die korrekte soziale Konversation zum Scheitern verurteilt ist – sie endet immer schlimm, weil niemand wirklich das bekommt, was er will, aber alle sind dabei „nett" geblieben: Dieses soziale „Wir-sind-alle-lieb-zueinander"-Spiel ist vielleicht manchmal angebracht, aber nicht, wenn es um wahrhaftige Beziehungen geht.

Wie ist das mit dem Appetit der Kinder? Eltern lassen sich da immer wieder neue Spielchen und Tricks einfallen, nur um ihrem Kind noch einen Bissen in den Mund zu stopfen ...

Kinder sind von Geburt an für ihren eigenen Appetit verantwortlich, und es ist besser, wenn sie es sind und ihnen die Mutter diese Verantwortung nicht abspricht, was allerdings in unserer Kultur noch immer der Vorstellung von Mutterschaft widerspricht. Dies ist nicht nur meine Meinung: Professor Remo Largo von der Universitätsklinik in Zürich hat einige Bücher darüber geschrieben. Er hat vor Jahren eine interessante Forschungsarbeit gestartet: Vor 25 Jahren hat er ungefähr 460 Eltern in zwei Gruppen eingeteilt – die eine Gruppierung überließ ihren Kindern die Verantwortung für ihren Appetit, die andere nicht. Dann wurden diese Kinder bzw. Jugendlichen bis zu ihrem 25. Lebensalter verfolgt, und es stellte sich heraus, dass jene, die für ihren Appetit verantwortlich sein durften, keine gesundheitlichen Probleme hatten – sie waren weder unter- noch übergewichtig –, und nur ein einziges Kind hatte eine kurze Zeit lang psychosoziale Probleme, während sich in der anderen Gruppe die Probleme in jeder Hinsicht häuften.

Wie sieht das konkret am Familientisch aus?

Das Kind für seinen Appetit verantwortlich sein zu lassen, bedeutet nicht: Ich knalle ihm einen Teller auf den Tisch und sage ihm: „Iss, wenn du möchtest, und wenn nicht, lass stehen!" – Nein, das ist gewiss nicht gemeint, sondern es bedeutet, dass du dich mit dem Kind an den Tisch setzt, mit ihm isst und es anschaust. Du gehst also mit ihm so um wie mit einem Freund und nicht wie mit einem Objekt. Wenn es aufhört zu essen, fragst du: „Bist du nicht mehr hungrig?" Und du fängst nicht an, es auf irgendeine Art zu manipulieren, dass es weiter isst. An diesem Punkt übergibst du ihm die Verantwortung, und das Kind wird dies spüren, und diese Art, mit ihm umzugehen, trägt dann auch zu einem heilen Selbstwertgefühl bei.

Nehmen wir an, das Kind ist noch sehr klein, acht Monate alt, und es kann noch nicht sprechen. Sie sitzt auf deinem Schoß, du fütterst sie, und plötzlich spuckt sie das Essen aus – meist fangen dann Mütter an, „Biene zu spielen“, um dem Kind noch einen Happen in den Mund zu führen. Völlig verkehrt, denn was sie damit tun, ist dem Kind zu signalisieren: Deine natürliche Reaktion ist schlecht – ich, deine Mutter, bin da, um sie zu korrigieren. Denn Mütter denken sich: „Das Kind hat zu wenig gegessen, es hat seit heute Morgen nichts zu sich genommen!“ Oder sie nehmen es persönlich und fangen an, zu moralisieren: „So darfst du nicht zu Mama sein. Benimm dich gefälligst!“ Und dabei wäre nichts natürlicher als Folgendes: Du versucht es vielleicht noch zwei Mal, ihm was zu geben, und wenn es jedes Mal den Happen ausspuckt, dann schaust du es freundlich an und sagst: „Hey, bist du etwa nicht mehr hungrig? Bist du wirklich satt?“ Diese Zuwendung der Mutter kommt einem Weihnachtsgeschenk gleich, denn du gibst diesem acht Monate alten Kind eine Sprache für seine ganz konkrete Erfahrung: Bis jetzt wusste es nicht, dass das, was es gerade mit seinem Körper erlebt, „satt“ bedeutet. Irgendwann wird es dir dann selbst sagen können: „Ich bin satt!“

Wenn wir uns die Erwachsenen anschauen, die in ihren Beziehungen Schwierigkeiten haben, dann haben sie eins gemeinsam: Sie haben keine Sprache für das, was sie fühlen! Sie können sich einfach nicht ausdrücken. Deswegen meine ich, es ist ein wunderbares Geschenk, dem Kind einen Ausdruck für die Erfahrung zu geben, die es gerade macht. So lernt es allmählich immer mehr über sich selbst. Wenn du es hingegen anfängst zu manipulieren, so erfährt es nichts über sich, aber alles über das, was seine Mutter oder sein Vater will.

Dies zu unterstützen, dass Kinder Verantwortung übernehmen dürfen, bedeutet, zur mentalen Gesundheit der Kinder beizutragen und ihnen zu helfen, ihre sozialen Fertigkeiten zu entwickeln.

Sie sagten vorhin, man solle sich mit dem Kind wie mit einem Freund verhalten, aber das scheint mir sehr schwierig zu sein ...

Ja, in meiner Generation ist es geradezu unmöglich, ein freundschaftliches Verhältnis zu den Eltern zu entwickeln. Aber heute beobachte ich immer wieder, wie sehr viel offener Kinder sind – und das sind sie, weil ihre Eltern in der Beziehung zu den Kindern nicht mehr ihre Macht ausspielen. Das ist die beste Voraussetzung!

Früher war das wirklich anders: Wenn ich mich als Jugendlicher meinen Eltern gegenüber öffnen wollte, dann musste ich damit rechnen, dass sie mir sofort wie aus der Pistole geschossen antworten würden: „Das ist nicht in Ordnung! Das ist nicht erlaubt!" Sie waren also nicht interessiert an meiner persönlichen Erfahrung, sondern nur daran, mich zu korrigieren. Und solchen Eltern, die jede deiner Taten nur beurteilen und bewerten, kannst du doch gar nicht nahe kommen – du kannst sie als juristische Instanz ansehen, aber nicht als Freund. Und trotzdem kannst du deinen Vater als Menschen lieben, aber nur ab und zu, wenn er seine Vaterrolle vergisst. Wenn du Glück hast, kannst du ihn vielleicht auch noch später im Leben als Menschen entdecken und dich auf ihn beziehen. Nur wenn er dann plötzlich wieder in seine Rolle hüpft, geht der Vorhang bei dir zu: Du brauchst keinen „Vater", der in einer Rolle eingefroren ist.

Aber die eine oder andere „Rolle" im Leben kann uns auch retten ...

Ja, aber wenn wir nur noch Rolle sind, dann ist es vorbei. Und das ist vor ein oder zwei Generation mit vielen Frauen geschehen: Sie fühlten sich null und nichtig, wenn ihre Kinder aus dem Haus gingen. Sie dachten, sie hätten nun keine Bedeutung mehr, seien nichts mehr wert, und wurden psychisch krank. Das kam vor allem bei Frauen in den Städten vor, denn auf dem Land waren sie stark ins Arbeitsleben des Mannes eingebunden. Diese Frauen bekamen dann Hormonspritzen, um zu überleben, denn sonst litten sie unter schrecklichen Depressionen, Angstzuständen usw. Auch meine Mutter hat 23 Jahre lang damit gelebt und erst vor vier Jahren damit aufgehört. Heute ist das zum Glück anders!

Sich selbst Grenzen setzen

Werden Eltern heute überhaupt noch kritisiert?

Doch, sie werden von jenen kritisiert, die mit Sprüchen wie „Kinder brauchen Grenzen!“ daherkommen. Sprüche von sich zu geben, ist leicht, schwieriger ist es – das sagte ich bereits –, Situationen zu schaffen, in denen sich wirklich was verändern kann.

Ja, ist der Spruch „Kinder brauchen Grenzen" nicht wahr?

Für die, die ausrufen: „Kinder brauchen Grenzen!“, bedeutet dies: „Ich darf meine Macht ausüben!“, denn schließlich kommt das den Kindern zugute. Nein, das ist nicht so! Menschen brauchen Grenzen – ja, aber für sich selbst, und keiner ist dazu befugt, anderen Menschen Grenzen zu setzen.

Wenn du in einer Gemeinschaft lebst, brauchst du ein paar Regeln – ich bin nicht gegen Regeln, aber ich bin sehr wohl dagegen, wenn du deine ins Wanken geratene Beziehung retten möchtest, indem du Regeln aufstellst. Das funktioniert niemals – oder nur für eine kurze Zeit!

Was heißt es dann, sich selbst Grenzen zu setzen?

Um eine gute Beziehung zu führen, müssen wir die Fähigkeit entwickeln, uns selbst zu definieren: Wir müssen imstande sein, zu sagen, was wir wollen und was nicht – in diesem Sinne brauchen wir Grenzen.

Erwachsene sind diesbezüglich in ihrem Verhalten auch recht schizophren. Ihrem Partner können sie durchaus sagen: „Tut mir Leid, ich kann dir nicht mehr zuhören, ich bin sehr müde und muss mich ausruhen." Sie zeigen also dem anderen: Hier, ich bin jetzt an meiner Grenze angekommen. Wenn sich aber ihr Sohn in so einer Situation an sie wendet, dann drücken sie denselben Inhalt völlig anders aus: „Kannst du nicht sehen, ich bin müde? Hast du nicht gemerkt, ich brauche jetzt Ruhe?" Sie formulieren also einen Vorwurf und machen ihr Kind verantwortlich für die eigenen Grenzen. Das ist Wahnsinn – und völlig unproduktiv, denn du machst dein Kind für dein Wohlbefinden verantwortlich.

Es wäre also auch hier angebracht, das Kind als Freund zu betrachten und davon auszugehen, dass es mich versteht, wenn ich sage: „Tut mir Leid, ich bin müde"?

Ich möchte ein Beispiel anführen, um das noch mal zu verdeutlichen. – Es ist vier Uhr nachmittags, und du hast beschlossen, ein Buch zu lesen. Just in dem Moment kommt deine dreijährige Tochter zu dir und will, dass du ihr aus einem Buch vorliest. Jetzt musst du eine Entscheidung treffen, denn du bist für sie und für dich verantwortlich. Für sie bist du verantwortlich in dem Sinne, dass sie noch nicht lesen kann, sie also auf dich angewiesen ist: Sie braucht dich also fürs Vorlesen. Aber musst du es jedes Mal, wenn sie's möchte, tun? Nein, das musst du nicht, denn auch du hast deine Bedürfnisse! – Du weißt also jetzt, was sie möchte, nun musst du entscheiden, was du möchtest. Und hier unterscheidet sich eine authentische Mutter von einer, die in ihre Mutterrolle springt und die Kinderfreundin spielt, denn Letztere würde sagen: „Natürlich lese ich dir vor!" – Aber du kannst als authentische Mutter genauso gut sagen: „Hör zu, ich möchte jetzt in meinem Buch weiterlesen. Aber später würde ich dir gerne vorlesen, wenn du es dann noch möchtest."

Gewiss würden dir einige „Kinderfreundinnen“ an die Gurgel springen: „Du furchtbare Mutter, du wählst statt der wunderbaren, lebhaften Tochter dein bescheuertes, altes Buch!“ Nun ist es für dich als authentische Mutter wichtig, mit einem guten Gewissen dazu zu stehen: „Ja, ich ziehe jetzt mein Buch vor!“ Und genau davon wird deine Tochter zweierlei lernen: Erstens – du bist für dich selbst verantwortlich und setzt deine eigenen Grenzen. Und zweitens: Wenn du mit anderen Menschen zusammen bist, kann es sein, dass du auf ihre Grenze stößt und du eben nicht immer bekommst, was du willst.

Frei sein – Mensch sein

Erziehung ist für Sie eher so etwas wie ein Sich-aufeinander-einlassen, ein Sich-beziehen – also etwas Freisetzendes ...

Ja, es geht mir um Beziehung, aber mit der Freiheit, wie sie so manches Mal verstanden wird, habe ich meine Schwierigkeiten. Kinder freizusetzen, heißt für mich nicht, ihnen eine „freie Erziehung“ zuteil werden zu lassen. – Meine wesentliche Frage ist nicht die, ob die Kinder frei sind oder nicht, sondern sie lautet: Möchtest du als Vater oder Mutter, dass deine Kinder so aufwachsen, dass sie ihr eigenes, unabhängiges Wesen leben, oder möchtest du Kinder großziehen, die wissen wie sie sich benehmen? – Wenn du Kinder haben möchtest, die immer wissen, wie sie sich zu benehmen haben und was von ihnen erwartet wird, dann werden diese Kinder jede Menge Probleme haben. Denn das sehen wir heute an vielen Erwachsenen, die einst so erzogen wurden. Es ist kein Zufall, dass ein Viertel der Erwachsenen irgendein psychisches oder lebensethisches Problem hat, zumindest in Dänemark ist das so – und das ist sehr viel!

Für mich ist deswegen die Frage so wichtig: Wie schaffst du es, den Kindern einen Sinn für ihren eigenen Wert zu vermitteln? Denn dann benehmen sie sich auch „gut" – du musst sie dazu nicht dressieren. Es geht auch ohne Dressur – was für die vergangenen Generationen unvorstellbar ist. Menschen, die mit persönlicher Verantwortung aufgewachsen sind, benehmen sich nicht wie Anarchisten oder sind total unhöflich. Ich kenne einige, aber ich habe auch einige in diversen Schulen erlebt, in denen ich war, die sich tatsächlich furchtbar benehmen. Aber das sind meist Kinder, die in der alten Manier erzogen worden sind. Sie kommen aus Familien, in denen diktatorische Verhältnisse herrschen.

In Dänemark gibt es sogar einige wissenschaftliche Forschungen hierzu, die genau diese Tatsache belegen: 89% der Kinder, die Probleme in der Schule haben oder mit dem Gesetz oder sogar kriminell sind, kommen aus Familien, in denen das alte Erziehungsmodell gilt.

Inwiefern ist „frei" nicht doch ein adäquater Begriff, um Ihren Umgang mit Kindern zu beschreiben?

Ich mag diesen Ausdruck in diesem Zusammenhang überhaupt nicht: Wie kannst du ein Kind so großziehen, dass es frei ist für sich selbst? Wie soll das gehen? – Ein Kind liebt bis zum Alter von zehn Jahren die Eltern völlig bedingungslos, egal, wie sie mit ihm umgehen. Das Kind glaubt, es hat die besten Eltern der Welt. Es ist nicht frei, sondern ganz und gar abhängig von seinen Eltern – ich finde es absurd, von seiner Freiheit zu sprechen. Später fangen dann auch die Kinder an, ihre eigenen Erfahrungen in der Welt zu machen, und werden allmählich etwas kritischer … Aber von dem freien Kind in der Familie zu sprechen, ist für mich nicht möglich!

Ich als Erwachsener kann aber frei sein: Ich kann mich zum Beispiel entscheiden, wie ich das meinem Kind mitteile, dass ich ihm

jetzt nicht vorlesen möchte, es aber gerne später tue. Die Mutter in Ihrem Beispiel von vorhin ist frei.

Als Erwachsener kannst du dich freisetzen, aber es ist auch wichtig, Kinder freizusetzen, ihnen also zu vermitteln: Es ist okay, wie du bist – ich habe zwar ganz bestimmte Erwartung, aber ich versuche, dich so zu sehen, wie du bist. Das heißt also, der Erwachsene befreit das Kind von überbordenden Erwartungen, so dass sich das Kind frei fühlen kann. Ja, das kann ich so stehen lassen, nur – was Menschen unter „freier Erziehung" verstehen, ist, dass Kinder machen können, was sie wollen: "Wenn du das willst, dann tu es!" Das aber führt zu einem vakuumartigen Zustand. Natürlich gefällt es Kindern, in einem solchen Elternhaus aufzuwachsen, und sie können frohlocken: „Alle meine Freunde müssen Regeln beachten, und ich bin frei!" – Aber wenn du mit diesen Kinder sprichst, wenn sie dann zwanzig Jahre alt sind, merkst du, dass sie unglücklich sind: „Meine Eltern waren für mich nie präsent!" Sie drücken damit nicht aus, dass sie mehr Macht gewollt hätten, sondern mehr Konfrontation und echtes Interesse.

Erinnern Sie sich an ein solches Beispiel?

Ja, ich erinnere mich an eine schöne Geschichte – an ein zwölfjähriges Mädchen, Tochter einer Psychologin und eines Psychologen; ihre Eltern waren geschieden, und sie lebte bei ihrer Mutter. Lange Zeit war es diesem Mädchen unwichtig, wie es aussah – es war nicht besonders hübsch, aber sehr intelligent, und auch als es dreizehn Jahre alt war, interessierte es sich für Jungs überhaupt nicht. Aber dann plötzlich will es eines Tages in den Club für Jugendliche gehen – das sind in Dänemark Einrichtungen für Jugendliche, Clubs, wo es keinen Alkohol gibt und wohin man tagsüber geht, um so wie in der Disco zu tanzen und sich zu amüsieren. Und es ist dem Mädchen auch plötzlich sehr wichtig, wie es aussieht. So richtet es sich her und kommt dann zur Mutter, um sie zu fragen: „Wie sehe ich aus?" – „Gut schaust du aus!" Und es kommt ein zweites Mal, anders gekleidet. „Du schaust auch so gut aus!" Es kommt acht Mal unterschiedlich gekleidet – und jedes Mal erhält es denselben Kommentar von seiner Mutter! – Zwei Jahre später, als sie dann bei mir saßen, haben sie sich beide an diese Episode erinnert. Die Mutter meinte, sie hätte damals gedacht: „Sieh mal an, meine so unabhängige Tochter wird plötzlich so abhängig! Ich sage ihr nicht, was ich denke, denn sie muss sich ja ihre eigene Meinung bilden." Aber für die Tochter fing mit dieser Episode der Vertrauensbruch an – plötzlich begannen die „Probleme" mit ihrer Mutter. Und als sie nun bei mir der Mutter gegenübersaß, sah sie ihrer Mutter in die Augen und sagte zu ihr: „Mein Problem ist, dass ich dir nicht trauen kann!" Was natürlich für die Mutter schockierend war! Die Tochter meinte dann: „Ich hatte mich damals acht Mal unterschiedlich gekleidet, und jedes Mal war alles okay!"

Was Kinder und Jugendliche wollen, ist also eine aufrichtige Meinung und ein aufrichtiges Interesse.

Was heißt das nun? Dass ich ihr etwa sage, sie sieht furchtbar aus, wenn ich das wirklich so empfinde?

Aufrichtig sein, heißt nicht: unter allen Umständen jemandem die Wahrheit ins Gesicht schleudern – das ist auch für den Therapeuten sehr wichtig. Ich sage meinen Studenten immer: „Ihr könnt eurem Patienten alles ins Gesicht sagen, aber ihr müsst euch immer versichern, dass es eine schützende Hand hinter seinem Kopf gibt, die den Patienten auffängt."

Du hast also eine dreizehnjährige Tochter, sie geht das erste Mal aus, schminkt sich ganz furchtbar, weil sie keine Übung hat … Wenn du aber spürst, sie fühlt sich wie eine Königin in ihrer Haut, dann sag ihr nicht, dass die Lippenstiftfarbe nicht zu ihr passt, weil sie in so einem Fall keine Beraterin in dir sucht: Sie fühlt sich einfach gut! – Wenn sie dich aber danach fragt, wie du sie findest, dann will sie hören, was du denkst. Und das ist auch unter Freunden so: Ein Freund ist nämlich jemand, der dir etwas gibt, wenn du es auch wirklich brauchst. Unsere Rolle als Eltern, Freunde, Partner ist genau die, uns gegenseitig etwas zu geben, was wir brauchen, sonst wachsen wir in einem Vakuum auf. Eine Bemerkung wie: „Wenn das es ist, was du möchtest, dann tu es!" ist zwar nett gemeint, aber sie macht dich einsam!

Verantwortung übernehmen

Welches ist der Unterschied zwischen den Kindern von heute und den Kindern von gestern?

Es ist gar nicht so lange her, dass wir damit aufgehört haben, Kinder physisch zu bestrafen – 1979 hat man es den Pädagogen gesetzlich verboten und erst 1997 den Eltern. Und dann muss man da noch die kulturellen Differenzen berücksichtigen: Wenn ein Vater sein Kind in einem Supermarkt ohrfeigt und der Supermarkt liegt nördlich von München, werden alle, die das mitbekommen haben, sagen: „Welch ein furchtbarer Vater!" Südlich von München allerdings ist es noch immer anders, da würden die meisten applaudieren. Aber abgesehen davon haben wir tatsächlich mit diesem Schritt, dass wir den Kindern ein Recht eingeräumt haben, „Au" zu sagen, wenn es wehtut, den größten Schritt in Richtung Reifungsprozess in den letzten 100 Jahren getan.

Kinder laufen heute überall herum, und sie haben keine Angst mehr in ihren Augen. Das ist wundervoll – Kinder zu erleben, die sich vor Erwachsenen nicht ducken! Selbstverständlich ist das für Eltern, die noch anders aufgewachsen sind, die nur gehorsam sein mussten, bedrohlich und verunsichernd: Sie müssen sich mit etwas Neuem konfrontieren. Denn wenn sie mit dieser großen Veränderung nicht mitgehen wollen, müssen sie scheitern.

In meiner therapeutischen Arbeit habe ich oft Konflikte zwischen Erwachsenen und Kindern erlebt, die daraus erwachsen waren, dass sich die Erwachsenen nicht wirklich an die veränderte Situation anpassen konnten. Und dann musste ich immer wieder feststellen, dass – psychologisch gesehen – die Kinder oft sehr viel reifer sind als ihre Lehrer oder Eltern und sehr viel besser kooperieren.

Erwachsene können heute nicht mehr mit artigen Kindern rechnen …

Natürlich würden wir das alle gerne haben, dass uns unsere Kinder nicht dauernd ärgern, sondern uns alles recht machen. Und das ist auch in dieser veränderten Situation möglich, nur müssen wir realisieren, dass es andere, sehr viel natürlichere Wege gibt, dies zu erreichen. Denn Kinder wollen doch auch nichts anderes, als dass die Erwachsenen mit ihnen zufrieden sind! Kinder wollen Erwachsene beglücken – es gibt nichts, was sie sich mehr wünschen. Deshalb ist es für mich in meiner Arbeit klar: Wenn Kinder dies nicht mehr tun, dann gibt es tatsächlich ein ernsthaftes Problem! – Und das Problem sind die Erwachsenen, die die Kinder schuldig sprechen, weil sie dies gar nicht merken, wie sehr es ihrem Kind darum geht, sie zufrieden zu stellen. Die Erwachsenen meinen, das würde nur passieren, wenn sie die Oberaufsicht über ihr Kind nicht aufgeben. Das wiederum verletzt Kinder zutiefst. – Ähnlich würde es Ihnen gehen, wenn Sie mir zufällig auf die Füße treten, und ich Ihnen unterstellen würde, Sie wollten mich absichtlich verletzen! Sie wären zutiefst verletzt, weil ich Ihre gute Intention bezweifle – das ist schrecklich. Aber genau das tun Erwachsene, die in der altmodischen Erziehung stecken geblieben sind: Sie unterstellen Kindern böse Absichten und können es sich gar nicht vorstellen, dass Kinder auf eine ganz natürliche Weise kooperieren wollen.

Das erinnert mich an das Kind, das auf den Stuhl krabbelt und herunterfällt. Die Eltern machen es schuldig: „Du böses Kind, wenn du brav gewesen wärst" usw.

Ja, und da habe ich gesagt, dass der Fußboden ein besserer Lehrmeister ist als die Eltern, weil er das Kind nicht beurteilt, aber das Kind lernt seine Lektion: Immer wenn du herumexperimentierst, kann es sein, dass du dir wehtust. Oder wenn du was Neues lernst, z.B. Fahrrad fahren, ist es vorauszusehen, dass du dich verletzt, bis du es kannst. Das ist das Leben! Der Fußboden teilt dir dies mit, ohne dich klein zu machen und dich zu kritisieren, deine Eltern hingegen tun es, sogar mit einem Lächeln auf dem Gesicht: „Du bist schuldig!"

Da erinnere ich mich an eine Szene, in der ein Vater genauso reagiert hat. Er unterhielt sich mit mir, während sein Sohn die Gegend erkundete. Und plötzlich fiel er hin und verletzte sich am Tischbein. – Um sich nun nicht selbst schuldig fühlen zu müssen, weil er nicht genügend auf ihn aufgepasst hat, beschuldigt der Vater den kleinen Sohn – statt die Situation auf sich beruhen zu lassen, denn es geht in solchen Situationen nie um die Schuldfrage. Keiner ist schuld! Es ist passiert, und das Tischbein hat dem Kleinen etwas mitgeteilt, was der Vater verdreht!

Hängt also die Schuldfrage mit dem Verantwortungsbewusstsein zusammen?

Für mich ist es eindeutig: Wenn Eltern ihre Kinder lieben, tragen sie die Verantwortung für das, was mit ihnen passiert, also machen sie sich nolens volens schuldig: Die Idee, Mutter oder Vater zu sein und dabei gleichzeitig schuldfrei, ist unmöglich!

Man könnte dies auch noch steigern, indem man sagt: Ich bin Däne, mein Land hat am Irak-Krieg teilgenommen, ich bin auch daran mitschuldig, was dort passiert.

Ich habe mal einen Vortrag in einem Kindergarten gehalten. Ein Vater ist aufgesprungen und rief mir zu: „Willst du, Jesper, dass wir uns schuldig fühlen!" Und ich habe gesagt: „Nein, das möchte ich nicht. Aber fühlst du dich denn schuldig?" – „Ja!" – „Warum?" – „Ja, du hast darüber gesprochen, dass man Kinder nicht physisch bestrafen sollte. Ich aber habe das in den letzten zwei, drei Monaten getan, und ich habe gemerkt, dass meine Beziehung zu meiner Tochter immer schlechter wird. Also fühle ich mich jetzt schuldig!" – Dann habe ich ihm gesagt: „Ich beglückwünsche dich! Du bist ein menschliches Wesen, und der Unterschied zwischen Mensch und Tier ist der: Wenn ein Mensch einen anderen Menschen verletzt, fühlt er sich schuldig. Es ist doch wunderbar, dass du dich schuldig fühlst!" – „Aber muss ich mich jetzt für immer schuldig fühlen!" – „Nein, heute ist Dienstag, fühl dich bis Sonntag schuldig, dann kannst du damit aufhören!" Darauf hat er dann gelächelt: „Okay!"

Aber mit diesem „Okay!" ist es doch nicht getan?!

Nein, natürlich, es geht darum, dass ich diesem Vater mitteilen wollte: Ja, du bist schuldig. Keine Frage, du hast dein Kind geschlagen und hast es verletzt. Aber du darfst dich daraus herausentwickeln! Und wie? Indem du verantwortlich wirst für das, was du tust. Und der erste Schritt, sich dem Kind gegenüber verantwortlich zu verhalten, ist, dem Kind zu sagen: „Wenn du dich so verhältst, weiß ich nicht mehr, was ich tun soll. Das macht mich rasend! Und das Einzige, was ich dann tun kann, ist, dich zu hauen! Ich werde aber versuchen, damit aufzuhören!" – Wenn du Verantwortung übernimmst für dein Verhalten, kannst du deine Schuld heilen. Verantwortung ist die beste Medizin gegen diese Art existentieller Schuld, denn von der religiösen will ich gar nicht reden – die überlasse ich der Kirche.

Aber nicht nur, wenn man Kinder haut, verletzt man sie. Auch Worte können sie verletzen!

Ja, du kannst hysterisch, verärgert, traurig sein – all diese emotionalen Zustände werden die anderen nicht verletzen, aber Worte tun es tatsächlich. Einige Menschen reagieren emotionaler als andere – einige sind wie ein kleines Klavier mit nur einer Tonleiter, andere sind wie ein ganzes Sinfonieorchester: Menschen klingen unterschiedlich, und das ist sehr gut so! Emotionen zu zeigen, ist in Ordnung. Wenn ich jemanden liebe, fühle ich mich wunderbar, und statt dies genau so auszudrücken, was mache ich? Ich sage: „Ich bin verliebt, weil du so wunderbar bist!" Ich mache also dich dafür verantwortlich, dass ich dich lieben kann. Und genau dasselbe passiert im negativen Sinne: „Ich bin wütend, weil du so schrecklich bist!" Ich bin also nicht für meine Wut verantwortlich, sondern du – und genau mit diesen Worten verletzen wir den anderen. Wir übernehmen ungern die Verantwortung für unsere eigenen Emotionen – dabei ist dies ein Teil des Erwachsenwerdens und Reifens. Und Kinder können uns dabei helfen, erwachsen zu werden.

Da gibt es aber auch die entgegengesetzte Meinung, dass Erzieherinnen meinen, sie müssten die ganze Zeit lächeln, d.h. ihre wahren Emotionen unterdrücken.

Die gibt es in der Tat – Erzieherinnen, die meinen, sie seien nur dann gut, wenn sie mit diesem süßlichen Lächeln herumlaufen. Sie sprechen in einem sanften Ton, sagen aber denselben Unsinn wie früher: „Das ist nicht erlaubt! So etwas macht man nicht!" Nur versüßen sie diese Sätze mit ihrer „Nettigkeit". Doch genau damit verletzen sie die Kinder.

Es wird Kinder niemals verletzen, wenn sie andere Menschen erleben, die irrational sind – wir sind nun mal Menschen, wir lieben, wen wir fürchten sollten, und hassen, wen wir lieben sollten, wir sind aus stupiden Gründen gekränkt usw. Aber all das ist in Ordnung, solange wir nicht unsere Kinder dafür verantwortlich machen.

Vielleicht leben wir heute auch deshalb in einer einmaligen Situation, weil wir endlich diese Phänomene zu durchschauen lernen.

Das will ich hoffen, dass wir nicht mehr vierzig Jahre warten müssen, um endlich reif, sprich: verantwortlich zu sein. Das Potenzial ist ja da! Und es könnte sein, dass bereits ein Vierzehnjähriger für seine eigenen Gefühle verantwortlich sein kann, wenn er mit Erwachsenen aufgewachsen ist, die es gelernt haben, für ihre Emotionen verantwortlich zu sein.

Wer weiß, vielleicht bricht dann auch eine Zeit an, wo es in den Partnerschaften keine stupiden Streitereien mehr gibt, wo jeder gewillt ist, die Verantwortung auf sich zu nehmen, und es nicht mehr nötig hat, den anderen schuldig zu machen, ihm wehzutun, ihn zu verletzen. Denn Verletzungen vergisst man nicht so schnell, man kann sie zwar verdrängen, aber sie bleiben irgendwo in deinem Körper sitzen – und da hilft dir die Vernunft nicht weiter! Also: Wie unbeschwert könnten Paare leben, die sich nicht verletzt haben!

Haben Sie solche Verletzungen erlebt?

Oh ja, mit meiner ersten Frau – sie war dauernd unzufrieden mit mir. Es gab bestimmt gute Gründe, aber bestimmt auch ungute … Auf eine gewisse Weise aber lieben wir uns heute noch; bei unserer Scheidung ging es nicht um die Frage, ob wir uns lieben oder nicht. Sie hat dann einen Schamanen aus Neuseeland geheiratet, und ich war bei ihm in Behandlung: Er bot eine ganz spezielle Maori-Massage an, die mir sehr gut tat. Als ich eines Tages zur Massage kam, war er krank, doch meine Ex-Frau bot mir an, mich zu massieren – sie hatte es nämlich auch gelernt. Und obwohl wir schon fünf Jahre getrennt waren, habe ich in dem Moment, wo sie mich berührt hat, gespürt: „Nein, das geht nicht!" Und bis zu diesem Augenblick hatte ich das gar nicht empfunden, dass ich durch ihre Schuldzuweisungen so tief verletzt worden bin. Ich hatte mir bis dahin gar nicht erlaubt, diesen Schmerz zu fühlen, aber er war da – in jeder Zelle meines Körpers! Und ich konnte jetzt kein Vertrauen zu ihr entwickeln.

Was könnten wir von Kindern lernen?

Ich sagte bereits: Kinder wollen unsere aufrichtige Meinung hören, also können wir uns darin üben, eine solche zu formulieren, denn das fällt uns noch immer sehr schwer: Wir könnten uns ja unbeliebt machen! – Was mich z.B. auf die Palme bringt, sind Sätze wie: „Es fühlt sich schlecht an …" Oder: „Ich habe das Gefühl, dass jetzt etwas Negatives im Raum ist …" Solche Sätze bekommt man oft von Menschen aus der alternativen Szene zu hören. Ich finde sie völlig unreif, denn sie sind nicht imstande, offen zu sagen: Dies oder jenes irritiert mich, und Punkt! Sie müssen sich aus der Verantwortung schleichen und die Situation mystifizieren. Dabei ist in der Gruppe meist allen sofort klar, dass sie der Nachbar irritiert oder dass ich mich vielleicht zu direkt an sie gewendet habe und sie das nicht „aushalten".

Was ich sehr traurig finde, ist, wenn so genannte alternative oder spirituelle Eltern ihre Kinder zur Spiritualität verpflichten. Ich kann mich nämlich sehr gut an zwei Kinder erinnern, die mit ihren Eltern auf einem buddhistischen Retreat waren – ich war da, weil ich ein Interview mit dem Zen-Meister, dem Leiter des Sesshins, machen wollte. Diese Kinder haben jede Gelegenheit am Schopf gepackt, um wild und ausgelassen zu sein, weil sie das in der Gegenwart ihrer Eltern nicht durften.

Das ist wieder ein gutes Beispiel dafür, wie absurd Erwachsene sind: Sie muten den Kinder das zu, was sie nach einer langen Entwicklungsphase erreicht haben. Sie haben ein halbes Leben gebraucht, um still zu sitzen. Wie, bitte, sollen das Kinder schaffen, die ihr ganzes Leben noch vor sich haben? Wie sollen sie, ohne ein Leben oder ein halbes gelebt zu haben, gleich Buddhisten sein?

Den Eltern mit solchen Ansprüchen ist dann natürlich auch kein Lehrer gut genug. Sie schleppen die Kinder von einer Schule zur nächsten, weil alle Lehrer Idioten sind. Nun, selbst wenn sie alle Idioten wären, auch dann sollte das gar kein Problem sein, denn die Kinder müssen auch das lernen: mit Idioten umzugehen. Du kannst sie nicht direkt in den Himmel verpflanzen, wo sie es nur noch mit Engeln zu tun haben – sie müssen mit unterschiedlichen Menschen umgehen lernen. Aber diese Eltern haben die Vorstellung, dass es irgendwo auf Erden das Paradies gibt, und ihre Aufgabe ist es, diesem Ort schnell genug aufzusuchen, damit sie mit ihren Kindern keine Probleme haben.

Überverantwortlich sein

Was passiert in Familien, in denen die Erwachsenen die Verantwortung nicht übernehmen wollen?

Überall dort, wo es ein Vakuum gibt in einem familiären System, wo etwas fehlt, wird irgendeines der Kinder versuchen, dies auszugleichen, meist ist es der Älteste. Wenn die Eltern nicht verantwortlich sein wollen, weder für sich selbst noch für die Familie, wenn einer der beiden mental beschränkt oder alkoholsüchtig oder drogenabhängig ist, übernehmen die Kinder natürlich zu viel Verantwortung – sie werden kleine Erwachsene. Wenn du diesen Kindern helfen möchtest, musst du verstehen, was sie lernen müssen, nämlich verantwortlich zu sein für sich selbst. Denn das ist genau das, was sie sich in der Familie, in der die Verantwortung der Eltern mangelhaft ist, nicht leisten können: Sie entwickeln ihre soziale Verantwortlichkeit übermäßig und die persönliche Verantwortung fast gar nicht.

Ein Irrtum, dem viele Psychologen aufsitzen, ist, zu behaupten, man könne diese Kinder von ihrer Über-Verantwortung heilen – das geht nicht! Wenn ein Kind mehr als drei Monate in so einer Familie verbracht hat, dann ist es vorbei: Es ist in seinem Körper für immer eingeschrieben, für andere verantwortlich zu sein!

Das einzige Medikament dagegen ist also Ihrer Meinung nach, diese soziale Verantwortlichkeit mit persönlicher auszubalancieren – wie stellt man das konkret an?

Du musst dem Kind helfen, dass es sich während seines Reifeprozesses ständig die Frage stellt: „Tue ich dies oder jenes, weil jemand anderes es braucht oder weil ich es möchte? Ist es gut für die anderen oder für mich, oder für uns alle?"

Ein Beispiel: Ein zwölfjähriges Mädchen, das zwei jüngere Brüder und eine schwer depressive Mutter hat, wird sich immer wie eine Mutter zu den jüngeren Geschwistern verhalten. Nun können wir zwar von außen das Ganze betrachten und sagen, dass das zu viel Verantwortung für sie ist, aber wir können sie ihr nicht wegnehmen. Was wir machen können, ist, diese Verantwortung auszubalancieren, indem wir eine Situation schaffen, die es ihr ermöglicht, das zu tun, was sie will. Wir fragen sie: „Kommst du mit uns tanzen?" – „Nein, denn ich muss auf meine Brüder aufpassen, sonst käme ich ja gerne …" – Und jetzt machen wir ihr einen konkreten Vorschlag: „Geh doch du mal tanzen, und wir passen derweil auf deine Brüder auf!" Dein Vorschlag muss also ganz praktisch sein, mit schlauen therapeutischen Sätzen wie „Du musst mehr auf dich selbst aufpassen!" erreichst du nämlich gar nichts. Es muss eine praktische Performance sein, dann wirkt's.

Überverantwortliche Menschen müssen es spätestens als Erwachsene lernen, dass sie auch ihre Bedürfnisse mal voranstellen können und nicht immer nur die der anderen – das ist, meine ich, die am meisten verbreitete Form der Selbstzerstörung, und sie fällt auch am wenigsten auf.

In ihrem sozialen Eifer erwarten diese „selbstlosen" Menschen dann, man möge ihnen dankbar sein ...
Ja, gut und lieb zu ihnen, und wenn das ausbleibt, sind sie unglücklich und verstehen die Welt nicht mehr.

Und warum ist das so?
Weil diese Menschen gelernt haben, dass sie nur auf diese Weise für ihre Familie wertvoll waren. Und das stimmt ja sogar im Zusammenhang ihrer Familie, aber es stimmt nicht mehr in den anderen, neuen Beziehungen. Das gilt aber für uns alle: Hatten wir im Rahmen unserer Familie aus einem speziellen Grund einen ganz bestimmten Wert, so sind wir für unsere Freunde und Arbeitskollegen aus ganz anderen Gründen wertvoll. Es gibt unterschiedliche Bedürfnisse in unterschiedlichen Systemen.

Was geschieht mit diesen überverantwortlichen Kindern in der Schule?
Solche Kinder sind dann plötzlich in der Schule unverantwortlich: Sie machen ihre Hausaufgaben nicht, schwänzen usw. Und es ist wichtig für Lehrer, zu wissen: Die meisten Kinder, die plötzlich unverantwortlich werden, tun dies nur deshalb, weil sie zu Hause zu viel Verantwortung tragen müssen, und gewiss nicht, weil sie sich weigern, verantwortlich zu sein. Es ist demnach gar keine gute Idee, diese Kinder zum Schulpsychologen zu schicken.

Wir sind uns so unsicher, ob wir richtig oder falsch handeln – inwiefern rührt das daher, dass wir bestimmte Erwartungen haben, wie unser Kind zu sein hat?
Ich meine, dies Problem tangiert meist Frauen, die als Mädchen von ihren Vätern nicht wahrgenommen wurden, zumin-

dest nicht so, wie sie waren. Und es ist für Mädchen wichtig, von ihren Vätern wertgeschätzt zu werden für das, was sie sind. Aber die meisten Väter lieben ihre Töchter nicht in dieser Weise: Sie wollen, dass ihre Tochter perfekt ist, korrigieren sie ständig und drücken dann auch noch ihre Unzufriedenheit aus. Das ist für ein Mädchen ein schlechter Start in Bezug auf ihre Beziehungen zu Männern. Denn sie wird sich immer minderwertig fühlen: Vaters „Du bist nicht gut genug!" sitzt ihr tief in den Knochen.

Was bedeutet es, die Integrität eines Kindes zu respektieren?

Es bedeutet zweierlei: die Grenzen des Kindes respektieren und seine elementaren Bedürfnisse beachten. Die Grenzen des Kindes kannst du kennen lernen, indem du dein Kind einfach nur beobachtest. Von der Geburt bis zum siebten Monat können sie nur dann im Dialog sein, wenn sie in einem sehr intimen Kontakt mit dir sind. Wenn du ein Kind in deinen Armen hältst und nach einer gewissen Zeit guckt es dich nicht mehr an, sondern guckt weg, dann heißt das, dass es ihm reicht. Und wenn du sein Zeichen nicht verstehst oder respektierst, dann wird es als Nächstes den ganzen Kopf von dir abwenden. Und diese Geste heißt gewiss nicht: „Ich will mehr!", sondern: „Ich brauche eine Pause!" Nach einer Pause können sie dann wieder in Kontakt treten. Wenn du aber auch diese Geste übergehst, dann solltest du dich nicht wundern, dass das Kind anfängt zu schreien.

Dies ist eine sehr gute Periode, um beispielsweise selbstkritisch zu verfolgen: Wann tue ich Dinge, um ein guter Vater zu sein, und wann bin ich tatsächlich ein guter Vater, ohne es sein zu wollen! Dein Kind wird es dir sofort signalisieren, wenn du es beobachtest und respektierst. Wenn du es allerdings nicht respektierst, dann wird es sich komplett in seine innere Welt zurückziehen und sich isolieren, oder aber es wird ohne Unterlass weinen – das sind dann die so genannten „Schreier".

Mit jedem Kind musst du aufs Neue lernen, wo seine Grenzen sind. Manche mögen es, sehr körperlich zu sein, manche nicht: Sie wollen zwar bei dir sein, aber wenn du sie zu fest hältst, gefällt es ihnen nicht. Du als Erwachsener musst beides respektieren und dich je nach dem Bedürfnis des Kindes auf es einlassen. Denn wenn du meinst, du müsstest es immer fest an dich drücken, nur weil dir selbst nach mehr körperlichem Kontakt zumute ist, dann missbrauchst du es.

Wie lernt man dann später im Leben die Grenzen der anderen kennen?

Ganz einfach – indem wir sie überschreiten. Zu vorsichtig zu sein, ist also nicht angezeigt, aber du solltest immer dessen gewahr bleiben, was gerade geschieht!

Übrigens gibt es da auch kulturelle Unterschiede: In Dänemark zum Beispiel, wenn ich eine Familie auf der Straße treffe und ich die Kinder bereits kenne, dann werden sie mich anschauen, und die Eltern werden gleich sagen: „Sagst du nicht Guten Tag?" Die Eltern merken es gar nicht, dass sie damit eine Grenze überschreiten, denn die Kinder haben mich angeschaut und haben mir auf diese Weise „Hallo" gesagt. Ich kenne sie ja und weiß, was sie mir mit ihrem Verhalten mitteilen wollen, aber die Eltern geraten in Panik, da sie meinen, das würde dem sozialen Standard nicht entsprechen. Aber auf ein „Hallo, nett, dich zu sehen!" verzichte ich gerne, da sagen mir die Augen der Kinder mehr. – Wenn sich nun dieselbe Situation in Kroatien oder Italien abspielt, wo die Menschen ganz allgemein körperlich zugewandter sind, werden die Eltern die Kinder sogar nötigen, mich zu küssen. Und du kannst es vielen Kindern ansehen, dass sie das gar nicht gerne tun. Also, warum sollten sie mich küssen und warum sollte ich mich von ihnen küssen lassen wollen? Ich bin ja für sie immerhin ein Fremder und das, was von ihnen erwartet wird, ist ein intimer Akt. Aber die Eltern sehen das anders: Für sie gehört es zur Konvention und ist so etwas wie ein soziales Ritual – sie denken sich dabei gar nichts, sind aber sehr erstaunt, von mir zu hören: „Ich möchte nicht, dass mich die Kinder küssen." Damit drücke ich dann auch Folgendes aus: Warum sind wir hier, um ernsthaft miteinander zu reden oder um bloß nett zueinander zu sein?

Kinder müssen eine ganze Armee Tanten und Onkels küssen – warum? Auf diese Weise überschreitet man ihre Grenze, denn Kinder wollen einen Unterschied machen: Den einen Onkel mögen sie, den küssen sie dann auch unaufgefordert, aber den anderen nicht ... Und wenn du das bei deinen Kindern beobachtest, dann solltest du es respektieren.

Ich sage nicht, du sollst Kinder nicht berühren und in der Angst schweben, du könntest ihre Grenzen verletzen – nein, berühre sie, aber wenn du von ihnen eine ganz bestimmte Botschaft erhältst, dann beachte sie.

Wie sieht das mit unseren Grenzen aus? Unsere Grenzen wollen ja auch respektiert werden ...

Oh ja, zunächst überschreiten Kinder unser Grenzen dauernd. Und es ist wichtig, dass sie dies tun, denn wie sollten Kinder sonst wissen, was Grenzen sind und dass ein jeder von uns Grenzen hat? – Kinder unter acht Jahren wollen am liebsten ihre Eltern 24 Stunden am Tag besitzen. Also musst du ihnen Grenzen setzen und ihnen sagen: „Ich kann mich jetzt nicht mit dir beschäftigen!" Und sie werden nicht locker lassen und wieder und wieder kommen: „Spiel mit mir!" – Und du musst dabei bleiben: „Ich kann jetzt nicht, aber ich spiele sehr gerne später mit dir!"

Aber verletzt man das Kind dadurch nicht?

Nein, man verletzt es nur, wenn man es kritisiert – das haben wir in dem Beispiel mit dem Jungen im Skigebiet bereits erwähnt:

Die Kinder sind vielleicht enttäuscht oder gar geschockt, aber sie werden es aufnehmen und integrieren. Es ist anders, wenn du sie dafür verantwortlich machst und für schuldig erklärst: „Siehst du nicht, dass ich beschäftigt bin? Wie kannst du nur, du böser Junge?“ So verletzt du sie in der Tat.

Ich erinnere mich auch noch an folgende Situation vor 50 Jahren: Mein Vater kommt von der Arbeit zurück, er setzt sich an den Tisch und liest seine Zeitung. Nun wollte ich aber als kleiner Junge, dass er mir aus meinem Märchenbuch vorliest. Ich gehe also zu ihm hin, bitte ihn darum, und was geschieht? Er schaut mich nicht einmal an, sondern meine Mutter. Und die weiß sofort, was seine Augen mitteilen: „Nimm ihn weg, er stört mich!“ Als „gute Frau“ hätte sie mich sogar auf dem Weg zu ihm aufgehalten und mir vorwurfsvoll gesagt: „Siehst du nicht, dass dein Vater Zeitung liest? Du darfst ihn nicht stören!“ Solche Sätze verletzen!

Früher war es aber gang und gäbe, dass Kinder dafür, dass sie mit den Erwachsenen Kontakt aufnehmen wollten, zurechtgewiesen wurden. Welch eine furchtbare Mitteilung – du hast deinen Vater zehn Stunden nicht gesehen, und jetzt gehst du auf ihn zu und wirst dafür auch noch beschimpft und zum „schlimmen Jungen“ gemacht! Wie sollten Kinder da nicht verwirrt sein? Sind Erwachsene nicht recht widersprüchliche Wesen? Sie verlangen von dir, dass du fremde Menschen küsst, aber wenn du dich deinem eigenen Vater nähern willst, erlauben sie es nicht …

Es ist furchtbar, weil der persönliche Kontakt fehlt, die Wärme und die Nähe …

Ja, du verhältst dich kalt und distanziert und gibst dem Kind das Gefühl, es sei fehl am Platz – und das ist das Schlimmste!

Deshalb ist es so wichtig, eine persönliche Sprache zu entwickeln – statt zu sagen: „Du störst mich!“ zu sagen: „Ich möchte dir jetzt nicht vorlesen!“

Aber auch Erwachsene haben untereinander Schwierigkeiten, eine persönliche Sprache zu sprechen, und werden sehr schnell unpersönlich. Wenn ein Mann das erste Mal mit einer Frau zusammen ist und mehr von ihr will, als sie geben kann, dann flüchtet sie sich hinter den Satz: „Du kannst das nicht tun ...“ – „Wieso? Wer bist du denn, dass du mir sagst, was ich machen darf?“ Oder sie sagt: „Das macht man mit Frauen nicht so!“ – „Welches ‚man‘ macht das mit Frauen nicht so?“ – In so einer Situation können sich Mann und Frau in endlosen Diskussionen verlieren. Hingegen, wenn die Frau ganz persönlich sagen würde: „Ich will das nicht!“ Dann gibt es nichts zu diskutieren – keiner hat Recht, keiner Unrecht. Es ist so, wie es ist! Sie will nicht, und er muss es respektieren.

Vor allem im Kontakt zu Kindern, die schließlich von uns lernen, was Grenzen sind und was Empathie bedeutet, müssen wir uns von einer sozialen Standardsprache in Richtung persönliche Sprache bewegen.

Wie kommt es, dass es vor allem Mütter sind, die überbesorgt sind, wenn es um ihr Kind geht, und die es übermäßig behüten?
Ich meine, das ist ein historisches Phänomen, und ich bin diesbezüglich sehr optimistisch – durch die veränderte Rolle der Frauen in der Gesellschaft wird es diese Überbesorgtheit nur noch vereinzelt geben. – In den ersten zwei Jahren brauchen die Kinder unbedingt jemanden, der die meisten seiner eigenen Bedürfnisse aufgibt und ganz und gar für sie da ist, aber danach braucht das Kind diese Fürsorge nicht mehr – aber es wird immer wieder Mütter geben, die meinen, auch danach unabkömmlich zu sein, aber nur, um zu kaschieren, dass sie selbst das Kind 24 Stunden am Tag brauchen.

Inwiefern sprechen Sie da von einer „historischen Konsequenz“, dass Mütter Ihr Überbesorgtsein größtenteils aufgeben?

In den letzten 100 Jahren hat sich die Familie sehr gewandelt. Vor dem Zweiten Weltkrieg war es noch üblich, dass es in einer normalen Familie sieben oder gar zehn Kinder gab. Für die Frauen war das der Sinn des Lebens: Mutter zu werden. Als junge Frauen gingen sie auf dem Marktplatz spazieren, um einen „guten Fang“ zu machen – dafür „machten sie sich schön“. Nach der Heirat und den beiden ersten Kindern war es dann aber vorbei, sie wurden Mütter, waren aber keine Frauen mehr. Und dies kann man wunderbar in den Fotoalben verfolgen. Und aus Müttern wurden sie Großmütter – ihre Weiblichkeit blieb auf der Strecke. Identität bedeutete für sie, auf die Kinder und ihre Männer bezogen zu sein.

In den 60er Jahren haben Frauen ihre Identität als Frau entdeckt – sie sind nicht nur Geliebte und Mütter, sie sind Frauen! Sie haben die Qualität des Weiblichseins erschlossen und definiert und somit eine andere Weltsicht entwickelt. – Aus diesem Grund meine ich, dass es kaum noch überbesorgte Mütter geben wird.

Wenn sich z. B. Frauen aus meiner Generation von ihren Männern getrennt haben und kleine Kinder hatten, dann haben sie den heroischen Entschluss gefasst, der Kinder wegen alleine zu bleiben. Aber wenn du diese Kinder, die heute über dreißig Jahre alt sind, fragst, wie sie das fanden, so sagen alle: „Das war keine gute Idee! Es wäre schön gewesen, einen Mann in unserem Haus zu haben.“ Kinder lernen aus der Dynamik zwischen Mann und Frau enorm: Wie sie sich verhalten, wie sie sich streiten oder lieben, miteinander flirten oder reden – all das bekommen Kinder mit.

Ja, nur sind auch heute noch, zumindest in Deutschland, die meisten Männer viel zu selten zu Hause …

Männer haben ein hundertjähriges Training, separat von ihrer Familie zu leben. Mütter nicht, aber sie lernen das heute! Und die meisten tun es mit einem schlechten Gewissen.

Ich glaube, es wäre für jeden Staat die beste Investition, wenn er es möglich machen könnte, dass Väter und Mütter gemeinsam zu Hause bleiben dürfen, bis ihr Kind zwei oder drei Jahre alt ist. Und ich bin mir sicher, dass sich diese Investition lohnen würde – es wäre für die künftige soziale Gesundheit gesorgt!

Leider ist unsere Gesellschaft nicht so strukturiert ...

Leider. Ich will ja auch damit nicht sagen, dass ich weiß, was wir wirklich brauchen. Wir leben in einer Umbruchszeit!

Jedenfalls hatte Freud nicht Recht, als er über die „Mutterbindung" sprach, er hätte sich lieber mit der Vater-Abwesenheit beschäftigen sollen – das wäre die korrektere Diagnose dafür gewesen, dass die Beziehung zwischen Müttern und Kindern gestört ist! Denn eine Frau kann keine ungesunde Beziehung zu ihrem Kind entwickeln, wenn sie einen gesunden Bezug zu ihrem Mann hat. Nur haben die meisten Väter in der Welt der Frauen und Kinder gefehlt – sie hatten ihre Arbeit, ihre Freunde, ihre Geliebten ... Und dann passierte oft die grausamste Verkehrung der Verhältnisse: Für die Mütter waren die Kinder unabdingbar, sie waren regelrecht abhängig von ihnen – und das wiederum hieß: die Kinder zu missbrauchen.

Auch heute noch, wenn ich Frauen treffe, die erzählen, welch eine innige Beziehung sie zu ihrem Sohn haben, stehen mir die Haare zu Berge. Denn ich höre da die Abhängigkeit, die Not und den Missbrauch heraus!

Woran erkennt man, ob in einer Familie offen, authentisch und kompetent miteinander umgegangen wird?

Da habe ich so eine Art Faustregel entwickelt: Wenn ich in eine Familie komme und frage: „Welche Konflikte gibt es bei euch im Moment?", und wenn jedes einzelne Familienmitglied mindestens vier oder fünf Konflikte aufzählt, dann weiß ich: Diese Familie ist kein Problemfall! Wenn sie mich aber anstarren und zurückfragen: „Wir, Konflikte? Wir kennen so etwas nicht!", dann ist es für mich klar: In dieser Familie kann niemand frei atmen! Es gibt zig Probleme, aber eben unter dem Teppich!

Es ist leider auch heute noch so, dass du zur „persona non grata" werden kannst, wenn du einige Tabuzonen betrittst. Für die einen sind das Konflikte, für die anderen der Kinderwunsch, der heilig gesprochen wird. Wenn du aber als Frau in der Öffentlichkeit zugibst, dass du keine Kinder hast, weil du dir keine wünschst – das hat eine berühmte Sängerin in Kroatien nämlich unlängst getan –, dann wirst du an Pranger gestellt: Wie kannst du so etwas als Frau sagen? Und die Gerüchteküche läuft dann via Medien heiß! Dann wird gerne überhört, dass diese Frau eine äußerst verantwortliche Person ist, denn sie hat auch begründet, weshalb sie sich keine Kinder wünscht: Sie sei in einem Elternhaus aufgewachsen, wo Mutter und Vater Künstler waren – der Vater Maler, die Mutter Schauspielerin –, und sie waren nie da für die kleine Tochter, und es haben sich immer andere um sie kümmern müssen. Da sie ihren Beruf auch sehr liebt, weiß sie, dass ihr Kind dasselbe Schicksal ereilen würde, deshalb lässt sie es lieber sein. Eigentlich gebührt ihr für diese Einstellung Respekt: Sie will nicht leichtfertig noch ein weiteres Kind unglücklich machen. – Aber die Öffentlichkeit urteilt noch immer nach veralteten, unverantwortlich dahingesagten Sprüchen!

Wie gefährlich kann eine Mutter ihren Kindern überhaupt werden?

Da fällt mir ein gutes Beispiel ein: Wir haben in Kroatien Nachbarn, die zwei Kinder haben – und beide sind sie durch die Überbesorgtheit ihrer Mutter komplett zerstört. Der Junge wurde immer schon wie ein Prinz behandelt, schließlich sei er ja so überaus intelligent, meinte seine Mutter! Er ist ein Krimineller und Alkoholiker geworden. Er hat zwar später aufgehört zu trinken, ist aber seiner Frau gegenüber gewalttätig. Immer wenn ich seine Mutter treffe, beklagt sie sich über ihn, aber in der nächsten Minute geht sie zur Bank und holt sich einen Kredit für ihn ... Ihre Tochter ist weniger intelligent, aber dafür sehr schön – sie könnte schon längst allein leben, denn sie hat einen guten Job, aber es ist bequemer, bei der Mutter zu sein, denn die Mutter, die sie auch noch miserabel behandelt, kocht, wäscht, zahlt alles ...

Was diese Mutter inszeniert, ist für alle furchtbar: Sie behandelt ihre Kinder noch immer wie Babys, beklagt sich aber dauernd, wie unmöglich sie sich benehmen, und das nicht, wenn die Kinder abwesend sind – nein, wenn sie anwesend sind. Dies ist ein tödlicher Cocktail! An diesem Beispiel kann man leicht erkennen, wie gefährlich Mutterschaft sein kann, wenn eine Frau für diese Rolle völlig ungeeignet ist, weil sie noch viel zu unreif ist.

Ja, eigentlich sollten solche Frauen weiter mit Puppen spielen und nicht Kinder großziehen ... Inwiefern bräuchten Frauen so etwas wie einen bestandenen Reifetest, um Mütter zu werden?
Es geht mir nicht darum, diese Frauen abzukanzeln und sie zu bestrafen: Sie verhalten sich so, weil sie in ihrer eigenen Kindheit nichts anderes kennen gelernt haben. Aber um etwas zu verändern, muss man anfangen, endlich darüber nachzudenken: Was bedeutet es für mich persönlich, Mutter zu werden?

Der persönliche Dialog

Im Laufe unseres Gesprächs fiel schon oft der Begriff „persönlicher Dialog" – was verstehen Sie darunter?
Für mich ist der Dialog was anderes als eine Diskussion oder eine Verhandlung. Er ist eine Konversation, in der die Dialog-

partner etwas voneinander haben, während eine Diskussion oder Verhandlung darauf hinausläuft, den anderen fertig zu machen, ihn zu überzeugen, ihm eine Meinung oder Sache zu verkaufen.

Wenn wir über den Dialog mit Kindern sprechen, ist das heute noch immer ein empfindliches Thema, denn wenn du wirklich die Wahrheit sagst, dass nämlich sehr wenige Eltern einen Dialog mit ihren Kinder führen, dann werden alle Eltern aufschreien und protestieren: „Natürlich unterhalten wir uns mit unseren Kindern!" Nur sieht die Realität anders aus, denn wir haben auch in dieser Hinsicht keine Vorbilder, so dass auch heute noch die Dialoge zwischen Eltern und Kindern nicht auf einem wahren, sprich authentischen Interesse beruhen, nämlich: „Wer ist das Kind?", sondern sie drehen sich eher darum: „Was tut es?" Das sieht dann so aus, dass die Eltern Fragen stellen und erwarten, dass das Kind antwortet. Aber das ist kein Dialog mehr, wenn nur der eine fragt und der andere sich eher bedrängt fühlt, als wirklich frei von sich aus etwas zu erzählen. „Wie war's in der Schule?" – „Gut!" – „Was habt ihr heute gelernt?" – „Nichts Besonderes!" – Das ist kein Dialog, sondern ein leerer, nichts sagender Smalltalk!

Wenn du zum Beispiel eine Mutter mit ihrem Kind auf der Straße triffst, dann ist es laut Tradition so vorgesehen, dass du dein Entgegenkommen zeigst, indem du dem Kind ein paar freundliche Fragen stellst: „Wie heißt du? Wie alt bist du? Gehst du in den Kindergarten?" – Diese Fragen haben jedoch nichts mit Freundlichkeit zu tun, denn sie wären erst dann freundlich (im wahrsten Sinne des Wortes), wenn du als Erwachsener auch etwas über dich erzählen würdest und auf diese Weise eine offene Situation schaffen würdest, in der sich tatsächlich ein Dialog entwickeln könnte.

Wer nur Fragen stellt, kann sich prima hinter seinen Fragen verbergen – und das führt zu keinem Kontakt. Und es ist auch keine Einladung für den anderen, sich zu öffnen. Wenn du also nur „Fragen" stellst, wirst du auch nur „Antworten" erhalten – ein interesseloses Gerede, das nichts transportiert.

Also üben sich Kinder darin, etwas zu sagen, ohne es zu meinen ...
Ja, sie geben Antworten, die keine sind, weil die vorangegangenen Fragen nichts beinhaltet haben. Wenn du dich wirklich einer anderen Person nähern möchtest, musst du auch die halbe Strecke zurücklegen, um den anderen zu treffen. Du musst also auch Offenheit mitbringen, wenn du vom Kind Offenheit erwartest.

Wäre es manchmal besser, wenn Erwachsene Kinder gar nichts fragen würden?
Genau, lieber keine Frage als eine hohle Frage! Und das habe ich schon vielen Eltern empfohlen: „Hört auf damit." Eltern sind dann meist verwirrt und meinen: „Ja, aber unser Sohn spricht eh kaum was. Wenn ich ihn jetzt gar nichts mehr frage, dann sagt er gar nichts mehr!" Ich bleibe dann hartnäckig: „Keine Fragen mehr für den nächsten Monat!" – „Was sollen wir dann tun?" – „Ihr könnt anfangen, endlich mit ihm zu sprechen. Erzähl ihm, wie es dir geht. Wenn du also von der Arbeit nach Hause kommst und er kommt von der Schule, ihr sitzt gemeinsam am Tisch und du hast das Gefühl, dass ihr in Kontakt seid, dann versuche dir vorzustellen, dass du nicht mit deinem dreizehnjährigen Jungen zusammen bist, sondern mit deinem guten Freund. Was würdest du ihm erzählen? Und genau das, was dir jetzt durch den Kopf geht, kannst du deinem Sohn erzählen. Es muss nicht unbedingt was Tiefes oder Emotionales sein, es kann z. B. ein netter Witz sein, den du heute gehört hast ... Oder dass du heute unter der Laune deines Chefs leiden musstest. Oder dass du sagst, wie es in deinem Leben beruflich weitergeht ... Und wenn du dies tust, wenn du dein Kind mit diesen persönlichen

Aussagen konfrontierst, wirst du ein Riesengeschenk von deinem Sohn erhalten: Denn in zwei bis drei Wochen wird er zu dir kommen und dir ebenfalls ganz freiwillig aus seinem Leben erzählen. Nur auf diese Weise erreichst du, was du immer schon wolltest, was du allerdings nie erreichen wirst, wenn du die ganze Zeit Fragen stellst!"

Wenn du jemanden wirklich kennen lernen möchtest, darfst du ihm also keine Fragen stellen?

Nein, frage also nicht: „Wer bist du?", denn diese Frage kann niemand beantworten. Aber wenn du wissen möchtest, wer er ist, dann sprich mit ihm ganz offen über alles Mögliche, und du wirst entdecken, was ihn wirklich interessiert – und dann, während du über deine Erfahrungen sprichst, wirst du erfahren, wer er ist.

Was ich seit 25 Jahren mache, wenn wir eine neue Ausbildungsgruppe starten – ich bitte alle Teilnehmer, sich zu erinnern, ob es einen Dialog in ihrer Familie gab, der darauf beruhte, dass die Eltern an dem Leben der Kinder interessiert waren. Und es ist erschreckend: Es ist vielleicht einer unter 100! Kein Wunder, dass es uns so schwer fällt, zu dialogieren, und dass auch Erzieher und Lehrer damit Probleme haben, wenn es seit neuestem heißt, dass jeder Pädagoge mindestens einmal im Jahr einen persönlichen Dialog mit jedem einzelnen Kind aus seiner Gruppe oder Klasse führen muss. Klar haben sich die Schulen an unser Institut gewendet: „Wir brauchen Seminare in Kommunikation für die Lehrer." Die Lehrer sind plötzlich das erste Mal in der verzweifelten Situation, dass sie keine Ahnung haben, wie sie mit den Kindern sprechen sollen.

Lehrer wissen zwar wunderbar, wie man Fragen stellt und Kinder belehrt, aber wie man zu ihnen spricht, das wissen sie nicht. Und sie müssen sich dafür nicht schämen, denn sie haben es von niemandem lernen können. Sie haben es von ihren Eltern nicht gelernt, während ihrer Ausbildung spielte dieser Aspekt auch keine Rolle, also woher sollen sie es wissen? Und wo hätten sie sonst ein Forum finden können, um zu üben, wie man einen Dialog herstellt?

Aber wenn doch alle Beteiligten sich nichts sehnlicher wünschen als den Dialog, wieso ist das dann so verdammt schwierig?

Weil sich jeder hinter seiner Rolle verbirgt, statt er selbst zu sein. Dann kommt es nämlich zu tragischen Situation wie der folgenden: Das Kind sitzt in seinem Zimmer vor dem Computer und chattet im Internet. Die Eltern sitzen im Wohnzimmer vor dem Fernseher – und sie haben natürlich das Gefühl, dass etwas nicht in Ordnung ist: Wir sollten eigentlich zusammen sein und uns unterhalten! Dann geht die Mutter zum Kind und sagt ihm: „Meinst du nicht, du solltest aufhören, dauernd vor dem Computer zu sitzen? Warum kommst du nicht zu uns?" Und das Kind wird sagen: „Warum sollte ich? Ihr guckt doch eh nur fern!" Also, das Gefühl, dass etwas unstimmig ist, ist vielleicht da, aber es wird nicht die passende Lösung gefunden, denn das Kind wird wieder einmal für die verfahrene Situation schuldig gemacht. Und dabei wäre die Lösung sehr einfach: Die Mutter brauchte ihrem Sohn nur zu sagen, was sie wirklich fühlt: „Ich sitze im Wohnzimmer und vermisse dich. Ich möchte mit dir sein!" Stattdessen sagt sie etwas, was sie meint, dass sie es ihrer Rolle als Mutter schuldig ist: „Es ist für deine Augen schlecht, so lange vor dem PC zu sitzen!" Aber zwischen seinem PC und ihrem Fernseher gibt es keinen großen Unterschied – und das Kind muss nicht allzu schlau sein, um dies in den Raum zu stellen. „Wenn ich zu euch komme, was wollen wir dann tun?" Nun, damit sind viele Erwachsene dann völlig überfordert. Der Fernseher ist wahrlich keine Alternative. Und da müssen sie sich was einfallen lassen, womit sich alle gut fühlen.

Wir haben also eine Situation, in der Kinder mit den Eltern sprechen möchten, die Eltern wollen es auch, aber sie wissen nicht, wie …

Welches ist der Unterschied zwischen „eine Rolle spielen" und „präsent sein für dein Kind"?
Ich gebe am besten ein Beispiel: Ein acht Jahre altes Kind kommt aus der Schule nach Hause, und du merkst, dass etwas nicht in Ordnung ist, und fragst: „Was ist los?" – „Nichts!" – „Aber du siehst nicht glücklich aus? Ist was passiert?" – „Nein, es ist nicht wichtig!" – „Sag es mir doch. Ich sehe, dass etwas nicht stimmt!" – „Also, mein Lehrer war so ungerecht heute. Jemand hat das und das getan, und er hat mich dafür bestraft." – Selbst wenn Eltern bis zu diesem Punkt präsent waren, hören in diesem Augenblick die meisten auf, zuzuhören, und sie beginnen mit der Schauspielerei und springen in die Rolle der Eltern: „Nun, dann musst du auch was angestellt haben!" Warum also sollte dieses Kind dir noch mal was anvertrauen, wenn du ihm nicht bis zum Schluss mit Empathie zuhören kannst? Niemand verlangt von dir, Partei zu ergreifen, aber du musst zunächst mal fürs Kind da sein – du musst dir die ganze Geschichte anhören. Und es ist völlig egal, welches nun die objektiven Tatsachen waren, die zu diesem Konflikt geführt haben, was wesentlich ist, ist, dass er sehr unglücklich ist.

Die meisten Eltern schneiden den Dialog ab, bevor er überhaupt erst richtig angefangen hat, weil sie nicht mehr präsent sind, sondern ihr Rollen-Ich aktiviert haben.

Die Eltern haben wohl Angst, die Führung zu verlieren …
Ja, wir sind, wenn wir persönlich sind, äußerst verletzbar, also schützen wir uns lieber rechtzeitig, nur eben auf Kosten anderer – in diesem Fall: des Kindes. Dann verletzen wir lieber das Kind: Es ist schuldig, es hat gewiss was angestellt! Und wir verschanzen

uns dann hinter unserer Rolle, hinter unserer vermeintlichen Führung, aber verlangen von ihm, dass es weiterhin die Wahrheit sagt – das ist ein unfaires Spiel: Wir erwarten vom Kind, dass es authentisch bleibt, obwohl wir es längst nicht mehr sind.

Das, was Eltern mit ihrer Haltung ausdrücken, ist, dass es ihnen viel wichtiger ist, unter Beweis zu stellen, was für „gute Eltern" sie sind, als mit ihrem Kind in Kontakt zu treten. Sie sind also von sich selbst absorbiert und nicht wirklich auf Bezug und Dialog eingestellt.

Eigentlich könnten sich Eltern total entspannen, denn es muss recht anstrengend sein, dauernd zu überlegen, wie spiele ich die Rolle der Mutter am besten ...

Was mich sehr verwundert, ist, dass gerade Frauen dies Spiel mitspielen, denn gerade sie müssten es doch wissen, wie schmerzhaft es ist, wenn du dich öffnest und der andere hört dir gar nicht zu, denn er ist bereits dabei, für dein Problem irgendwelche Lösungen zu finden – und genau das tun Männer ständig. Sie erzählen dir ihr Problem nicht, weil sie einen großen Bruder oder Vater brauchen, der ihnen sagt, wo es langgeht. Sie finden die Lösung meist selber. Nur begreifen die Männer es eben nicht, dass ein guter Teil der Lösung darin besteht, dass sie darüber sprechen. Sie hoffen also, wenn sie sich mitteilen, ihrem Mann, den Eltern, den Freundinnen, und erzählen, was sie momentan quält, dass sie dann einen Ausweg für sich finden. So handeln die meisten Frauen! Die Männer hingegen tun genau das Gegenteil: Sie denken nur nach – und kommen dann meist mit einem stupiden Vorschlag daher, denn sie verlassen sich nur auf ihren inneren Dialog – und der ist leider nicht sehr bereichernd ... Aber sie drehen sich lieber im Kreis herum, als von ihren Frauen etwas zu lernen.

Zum Beispiel: Als mein Vater gestorben ist, wollte ich eigentlich niemanden um mich herumhaben, aber das war natürlich nicht möglich. Es kamen alle Verwandten und Freunde. Und für meine Mutter war es sehr hilfreich, denn indem sie jedem Neuankömmling dieselbe Geschichte erzählte, realisierte sie allmählich tatsächlich, dass ihr Mann tot war. Wenn sie allein gewesen wäre, wäre diese Trauerarbeit sehr viel schwieriger geworden, und sie wäre womöglich nicht so leicht darüber hinwegkommen. In dieser Hinsicht haben Frauen mehr Weisheit …

Ja, und trotzdem sind sie genauso unweise wie die Männer, wenn es um ihre Kinder geht, dann sind sie auch nicht imstande zuzuhören …

Ja, aber wenn ich Frauen darauf hinweise, was sie mit ihrem Kind jedes Mal inszenieren, dann wissen sie sofort, was ich meine. Sie haben die Praxis – das, was ihr Kind empfindet, haben sie auch schon oft genug empfunden. So können sie sich in Bezug auf ihr Kind leichter verändern. Für die meisten Männer ist es schwierig; dabei wäre es so hilfreich, wenn sie sagen könnten: „Hör zu, ich lieb' dich, ich würde gern mit dir sprechen, aber ich weiß nicht, wie … Lehr mich!" Stattdessen sagen sie: „Es gibt dazu nichts zu sagen!" Und weil sie gewohnt sind, einsam zu sein, nehmen sie sogar den Konflikt in ihrer Ehe nicht wahr.

Und weil sie Angst haben, die Grenze der Partnerin zu überschreiten …

Ja, nur, gerade das ist erforderlich, wie wir schon gesehen haben, dass du einen offenen Dialog regelrecht brauchst, um den anderen zu entdecken, um seine Grenzen kennen zu lernen und ihm deine Grenzen zu zeigen. Mit Hilfe des Dialogs kannst du auch Grenzen setzen … Ein typisches Beispiel: Wir haben eine Familie mit zwei Kindern: ein Mädchen und einen Jungen. Der Vater möchte, dass sie um 21 Uhr zu Hause sind. Sie kommen aber um 23 Uhr. Der Vater: „Was war los? Was habt ihr euch gedacht, als ihr gesehen habt, wie spät es ist? Was war so wichtig, dass ihr die

Uhrzeit vergessen habt?" Nachdem er all das weiß, sagt er: „Jetzt weiß ich, dass ihr mich nicht zum Narren halten wolltet, aber ich möchte, dass ihr von nun an immer um 21 Uhr zu Hause seid, ganz egal, was euch vielleicht wichtiger ist!" Dieser Vater hat sich die Kinder angehört und hat ihre Erlebnisse ernst genommen, so dass es den Kindern nicht schwer fallen wird, seine Regel zu akzeptieren, auch wenn sie etwas brummen werden! Letztlich sagen sie: Okay!

Wenn du aber als Vater sagst: „Wir haben eine Regel ausgemacht. Und eine Regel ist eine Regel. Ihr habt sie zu befolgen!" Dann sprichst du unpersönlich und berufst dich auf etwas Äußeres. Die Kinder werden zwar auch „Okay!" sagen, aber sie werden sich denken: „Hol dich der Teufel! Wenn es in dieser Familie nur Regeln gibt, dann mach ich, was ich will!" Und dann machen sie sich immun gegen dich, sie schauen über dich hinweg, als würde es dich nicht mehr geben: Du kannst sie nicht mehr erreichen. Sie sind auch nicht mehr verletzbar: Du kannst sie kritisieren und bestrafen, so viel du möchtest, es ist ihnen egal. – Mit einem persönlichen Dialog hingegen, in dem du sagst: *„Ich* möchte usw.", kannst du Kinder erreichen, ja, du kannst sogar Grenzen setzen – und sie werden sie akzeptieren.

Wenn Eltern mit diesem Problem zu Ihnen kommen, dass sie nicht wirklich mit ihren Kindern dialogieren können, wie gehen Sie dann vor?

Was ich aus meiner Erfahrung weiß, ist, dass, wenn Kinder Eltern nicht mehr ernst nehmen, dies bei den Eltern angefangen hat. Wenn also Eltern mit ihren Kindern – die Kinder sind nämlich immer dabei – zu mir kommen und erzählen, wie unkommunikativ ihre Kinder seien. Sie hätten eine Uhrzeit festgelegt, wann sie zu Hause zu sein hätten, aber diese Abmachung würden die Kinder nie beachten usw. Also, die Eltern erzählen zunächst ihre Geschichte, dann wende ich mich den Kindern zu und frage sie: „Was möchtest du in deiner Familie verändern?“ Und dies ist für mich eine wesentliche Frage, denn durch sie erfahre ich, wo ihre Eltern sie nicht ernst nehmen. Da muss ich nämlich ansetzen – bei den Erwachsenen, denn die Kinder hängen von den Erwachsenen ab. Und wenn sich die Erwachsenen nicht verändern, werden sich auch die Kinder nicht verändern.

Es wäre keine Lösung, vorzuschlagen: „Okay, wenn ihr denkt, 21 Uhr ist zu früh, und ihr wollt das nicht akzeptieren, dann akzeptiert ihr vielleicht 22 Uhr!“ – Aber darum geht es gar nicht, und wir sitzen nicht deshalb da, um miteinander zu verhandeln, sondern um zu lernen, uns gegenseitig ernst zu nehmen. Und damit müssen die Eltern anfangen: Sie müssen nicht nachgeben, wenn sie auf 21 Uhr bestehen, aber sie müssen anfangen, sich mit den Kindern persönlich auszutauschen. Das ist genauso wichtig wie in einer Ehe: Du brauchst einen Mann, der dich ernst nimmt, und nicht einen, der immer mit dir einverstanden ist!

Zum Beispiel ein Drama, das sich häufig auf der Straße oder beim Einkaufen abspielt: Kinder wollen das, was sie sehen, haben. Wie können nun Eltern als Verfechter eines persönlichen, gleichwertigen Dialogs sagen: „Nein, das will ich nicht“?

Das Einzige, was sie tun müssen, ist, ihr Kind freundlich anzuschauen. Eltern wurde ja eingeredet, immer seriös zu sein und düster dreinzuschauen, denn schließlich sei Erziehung eine ernsthafte Angelegenheit! Nein, du kannst dein Kind durchaus freundlich anschauen und ihm sagen: „Ich kann es verstehen, dass du diese Schokolade willst, aber ich kaufe sie dir nicht!“

Also bist du dann doch in einer bestimmenden Position?!

Ja, du bist die Mutter und du hast zweifelsohne die finanzielle Macht – das ist auch gut so!

Ein gleichwertiger Dialog bedeutet demnach nicht, dass ich dem Kind alles gestatte?

Nein, es bedeutet nicht, dass die Kinder alles bekommen, was sie sehen. Und genau das ist das Problem vieler junger Eltern, die demokratische Verhältnisse in ihrer Familie haben wollen. Sie meinen nämlich: Wenn du ein Kind fragst, was es möchte, kannst du danach nicht „Nein" sagen, weil du es gefragt hast. Nun, ich selbst verstehe diese Logik nicht, denn in der Welt der Erwachsenen gilt sie allemal nicht: Wenn ich nach Hause komme und meiner Frau sage: „In zwei Wochen ist Pfingsten, was willst du unternehmen?", und sie sagt: „Ich möchte an die Küste!", dann käme doch niemand auf den Gedanken, zu sagen: "Jesper, du hast sie gefragt, also musst du jetzt mit ihr an die Küste!" Jedenfalls hat dies nichts mit Demokratie zu tun.

Ähnlich ist es mit Kindern – sie sagen dir, sie wollen Schokolade. Dann sag ihnen: „Nein!", wenn du das nicht willst. Das Kind wird natürlich wissen wollen: „Warum?" – „Weil ich es nicht möchte!" Das ist deine persönliche Meinung! Und alle anderen Gründe sind überflüssig: „Du hast genug davon gehabt!" „So viel Schokolade schadet dir!" „Nein, denn wir essen in einer halben Stunde Abendbrot!" All diese Gründe, die du versuchst anzuführen, sind nicht wirklich gute Gründe.

Aber klingt das nicht zu diktatorisch. Wäre es nicht besser, doch einen Grund anzuführen?

Nein, das Beste ist zu sagen: „Nein, ich will das nicht!" Und wenn die Kinder dann wirklich ernsthaft wissen wollen, warum, kannst du ihnen einen Grund nennen: „Weil du heute wirklich genug Süßigkeiten gegessen hast." Aber die meisten Kinder sind nicht wirklich an deiner Antwort interessiert, und du kannst das leicht heraushören – sie sagen fast schon automatisch: „Warum nicht?" Und wenn du ihnen einen Grund angibst, dann verwenden sie den Grund gegen dich und fangen an, mit dir zu diskutieren: Sie führen deinen Grund ad absurdum. Also, wenn du diesen Ton wahrnimmst, dann brauchen sie keinen Grund, dann wollen sie nur noch mal die Bestätigung: „Nein ist Nein!" Es gibt nichts zu diskutieren. Dann sagen sie meist: „Blöde Mama, ich hasse dich!"

Die meisten Eltern kaufen ihren Kindern allerdings alles, weil sie im Grunde ein schlechtes Gewissen haben: Sie haben zu wenig Zeit für die Kinder und wollen dann bei den Kindern gut abschneiden ...
Das wird dann zum doppelten Problem: Wenn du physisch weg bist, vermisst dich das Kind, keine Frage, aber wenn du dann da bist, dafür aber emotional nicht präsent, ist das Kind noch einsamer als vorher, und es vermisst die Eltern noch mehr. Denn diese Eltern sind lediglich damit beschäftigt, wie sie ihre physische Abwesenheit kompensieren können, und vergessen dabei alles andere. Sie sind ihrem schlechten Gewissen näher als ihrem Kind: Sie tun alles, um ihr schlechtes Gewissen zu beruhigen, statt sich mit allen Sinnen auf ihr Kind zu beziehen.

Dann haben Kinder Berge von Spielzeugen, aber fühlen sich einsam ...
Ja, wenn du Kindern immer das gibst, was sie möchten, dann bekommen sie nie das, was sie wirklich brauchen – ihre Eltern! Ihre Eltern müssen da sein, das ist alles!

Es gibt ein wunderbares Beispiel, und zwar einen typischen Dialog zwischen Mann und Frau. Die Frau fragt: „Wo bist du?" – „Hier!" – „Aber du bist nicht präsent!" – „Was heißt das?" – „Ja, du bist abwesend!" – „Nein, ich bin hier!" Diese Antwort führt dann letztlich dazu, dass der Kontakt völlig abbricht. Wenn aber der Mann sagen könnte: „Ich nehme das nicht so wahr! Aber vielleicht stimmt es, ich bin heute tatsächlich nicht ganz da!" Und mit dieser Antwort ist sie dann sehr zufrieden, weil ihr Mann persönlich geworden ist und die Wahrheit gesagt hat.

Wie einfach alles sein könnte!
Ja, wenn die persönliche Integrität das Ziel der Pädagogik wäre! Aber leider war bislang das Benehmen das Ziel – und ich finde es so schön, dass wir für die Ausdrücke „sich benehmen" und „schauspielern" im Dänischen nur einen einzigen Ausdruck haben, denn im Grund ist gutes Benehmen nichts als Schauspielerei: Wenn du dein Skript auswendig gelernt hast, dann kannst du dich gut benehmen, und das ist alles, was von dir erwartet wird. Wie du dich fühlst, ist egal, solange du dich gut benimmst!

Der Dialog zwischen Schule und Familie

Kinder gehen nicht gerne in die Schule, beklagen sich viele Eltern. Wie könnte man diesen Zustand ändern?
Um die Schule für die Kinder erträglicher zu machen, ist die erste Bedingung die, sie für die Lehrkräfte besser zu machen. Deshalb habe ich auch meine Gruppenarbeit mit Lehrern begonnen. Denn wenn wir uns mit ihnen beschäftigen und sie begleiten, dann wird sich das auch auf die Kinder auswirken. Es ist absurd, von Lehrern zu fordern: „Gib besser Acht auf mein Kind!", wenn sie selbst nicht gut behandelt werden, und zwar von ihren „Eltern", den Politikern, Beamten, Schuldirektoren … Der Job, den Lehrer haben, ist ein äußerst wertvoller Job, doch das ist der Bevölkerung nicht klar. Die Lehrer werden noch immer nicht gut bezahlt, zumindest bei uns in Dänemark ist das so, und nicht genügend respektiert. Ich meine, wenn sich das ändert, wird mehr Freude in die Schulen einkehren – für Lehrer wie für Schüler!

Lehrer haben es heutzutage nicht leicht. Sie meinen, es würde an den Eltern liegen. Was läuft da eigentlich falsch?

Lehrer haben lange Zeit in einer falschen Realität gelebt und müssen sich nun umstellen, denn die Eltern sind nicht mehr so, wie sie früher waren. Früher konnten die Lehrer nur deshalb mit den Eltern besser auskommen, weil die Eltern „gut erzogen", weil sie also sehr gehorsam waren. Nun sind sie es nicht mehr. Und Lehrer haben keine Übung darin, mit „ungehorsamen" Eltern zu kommunizieren. Und so kommt es, dass viel zu oft unkonstruktive Gespräche zwischen Lehrern und Eltern stattfinden, weil sich in dieser Begegnung nicht einzelne Personen gegenüberstehen und *persönlich* austauschen, sondern es reiben sich Institutionen aneinander: die Institution Schule und die Institution Familie. Auch hier fehlt der persönliche Dialog – doch er will eingeübt werden!

Inwiefern gilt das auch für Erzieherinnen?

Es gilt genauso wie für Lehrer: Ich wurde vor ungefähr 25 Jahren in zwei Kindergärten eingeladen, die beide sehr von meiner Arbeit inspiriert waren, und nun wollten sie mir zeigen, wie gut sie mit den Kindern umgehen. Und das stimmte auch, aber wie sie mit den Eltern umgingen – das war katastrophal. Ich war entsetzt, denn ich habe schließlich nirgendwo vorgeschlagen, ausschließlich mit Kindern gut umzugehen, sondern mit Menschen ganz allgemein – für die Mutter gelten dieselben Prinzipien des Lebens wie für ihren fünfjährigen Sohn.

Was diese Erzieherinnen also gemacht haben, war, dass sie den Kindern gegenüber loyal waren, aber nicht den Eltern gegenüber. Klar war unter diesen Umstände kein Dialog möglich. Und sie haben dann eine lange Zeit gebraucht, um dies zu lernen. Wir alle müssen lernen, wie wir zu Menschen werden jenseits des alten Rollenspiels. Lehrer können nicht mehr Lehrer, Eltern nicht mehr Eltern und Schüler nicht mehr Schüler *spielen*. Die Autorität von früher ist weggefallen, wir müssen eine neue Autorität entwickeln.

Sie schreiben in Ihren Büchern, eine natürliche oder persönliche Autorität sei notwendig.

Ja, das klingt recht einfach, ist es aber nicht. Vor allem für die, die heute über fünfzig Jahre sind – wie sollte es auch anders sein? Schließlich bricht deren ganzes Lebensgerüst zusammen: Alles, was sie darüber gelernt haben, wie man für die Familie, die Schule und die Gesellschaft von Bedeutung ist, ist plötzlich hinfällig geworden. Sie müssen allem gegenüber eine neue Einstellung entwickeln. Und das trifft die älteren Lehrer besonders hart, weil sie auch noch zusätzlich von Politikern und Schuldirektoren schlecht behandelt werden. Lehrer brauchen in der Tat Unterstützung.

Heißt das, dass Eltern mehr Verständnis für die Situation der Lehrer aufbringen müssten?

Für mich heißt das, dass Eltern *und* Lehrer miteinander ins Gespräch kommen müssen, um gemeinsam zu entdecken, wie sie den Kindern die Schule angenehmer gestalten können. Lehrer sind keine Kinder-Experten; sie sind vielleicht Experten in ihrem Fachbereich, sie verstehen was von ihrer Materie, aber haben während ihrer Ausbildung kaum was über Beziehungskompetenz mitbekommen – und Eltern sind ebenfalls keine Kinder-Experten, sie kennen zwar ihr Kind, aber können nicht wie Experten „über" Kinder reden; demnach sind die besten Voraussetzungen da, um einen gleichwertigen Dialog führen zu können und sich zu treffen, um eine gemeinsame Lösung zu finden. Es gibt nämlich keine vorfabrizierte Lösung, die vor dem Dialog existieren würde: Sie muss gemeinsam erarbeitet werden genauso, wie das Johannes Slök, mein Professor für Ideengeschichte, treffend formuliert hat: „Das Gespräch – der Dialog – kann als Wanderung zweier Menschen durch die Sprache, durch Fragen und Antworten, durch vorsichtiges, gegenseitiges Prüfen beschrieben werden. Das Gespräch ist häufig eine sehr lange

Wanderung nach einem fernen Ziel, zu einer unbekannten ‚Wahrheit'."

Das würde aber bedeuten, dass sich beide Seiten für so einen Dialog öffnen ...

Ja, und leider ist es noch immer in vielen Schulen so, dass sich die Lehrer als die Mächtigeren erachten. Und dann bereiten sie sich gründlich vor, genauso wie für ihre Unterrichtsstunden – was dort auch wirklich notwendig ist, im Dialog mit den Eltern aber eher stört, weil es den gleichwertigen, persönlichen Dialog unmöglich macht – und meinen, als „gute" Lehrer das Problem, das sie haben, gleich definieren und einen Lösungsvorschlag machen zu müssen. Sie geben den Eltern das Gefühl, dass sie die Eltern nur brauchen, um ihre Vorschläge durchzusetzen – sprich: Die Eltern werden nicht involviert, also nicht ernst genommen. So eine Begegnung ist von vornherein zum Scheitern verurteilt, da der Authentizität kein Raum gewährt wird. Sie kann sogar katastrophal enden, wenn die Eltern nicht „nette" Menschen sind, die ihre Gefühle gut verbergen können. Ich meine, es ist manchmal wunderbar, wenn Eltern aufbegehren, denn nur mit einem guten Schuss Anarchie können modrige Gesprächstrukturen gesprengt werden. Von einem dezenten, nichts sagenden Kontakt zwischen Eltern und Lehrern profitieren die Kinder am allerwenigsten, und um sie geht es ja schließlich. Also – wir brauchen etwas Dynamit, um das alte Gebäude zu sprengen und ein neues zu errichten.

Von wem muss die Initiative ausgehen, um diesen Prozess in Gang zu setzen?

Selbstverständlich von den Lehrern, denn sie haben in solchen Begegnungen tatsächlich die Macht, daher auch die Verantwortung. Also müssten Lehrer schon während ihrer Ausbildungszeit auf den Dialog mit den Eltern eingestimmt werden. Sie müssten erfahren, dass es in der Begegnung mit den Eltern nicht zu einer

Einwegkommunikation kommen darf: Der Lehrer erzählt den Eltern seine Eindrücke, macht Verbesserungsvorschläge, und die Eltern sitzen schön brav da, hören ihm aufmerksam zu und befolgen seine Ratschläge. Solche Eltern, die zu allem nicken, gibt es kaum noch, deshalb ist es also höchste Zeit, dass Lehrer ihre Beziehungskompetenz auch im Umgang mit Eltern trainieren. Denn wenn es keine gute Kooperation zwischen Familien und Schulen gibt, dann leiden die Kinder darunter.

Wie lässt sich so ein persönlicher Dialog zwischen Lehrer und Eltern gestalten?

Ein Beispiel: Ein Kind ist frech und stört dauernd die Mathematik-Stunden. Der Mathematik-Lehrer beschließt, die Eltern einzuschalten – meist ist bei solchen Zusammenkünften auch noch ein anderer Lehrer zugegen. Statt das Gespräch mit langen Ausführungen über die vielen positiven Eigenschaften des Kindes anzufangen – um sich sozusagen das „Recht“ zu erkaufen, danach ausgiebig über die negativen Eigenschaften sprechen zu dürfen, was meiner Meinung nach zwar ein altbewährter, aber völlig primitiver Zugang ist, denn die Eltern durchschauen diese Strategie ja sofort und werden nur aggressiv –, statt also über Umwege zur Sache zu kommen, sollte der Lehrer klar und deutlich sagen: „Ich habe Schwierigkeiten mit Ihrem Sohn!“ Denn das ist die Tatsache: Nicht der Sohn hat ein Problem, sondern der Lehrer hat in Bezug auf diesen Schüler ein Problem, also sollte er das auch so ausdrücken. Denn die meisten Lehrer verbergen sich gerne hinter dem Satz: „Ihr Sohn hat Schwierigkeiten …“, und damit haben sie die Verantwortung dem Schüler bzw. seinen Eltern überantwortet. Und das führt dann dazu, dass Eltern nicht wirklich bereit sind, mit einem Lehrer, der die Schuld auf die anderen abwälzt, zu kooperieren. Wahr ist der Satz: „Ich habe ein Problem … und brauche Ihre Hilfe. Haben Sie dies Verhalten auch zu Hause beobachtet?“ Wenn die Eltern bejahen, kann der Lehrer weiter fragen: „Und wie gehen Sie damit um?“ Wenn die Eltern verneinen und meinen, es müsse etwas mit ihm als Lehrer zu tun haben, dann kann der Lehrer einräumen: „Wahrscheinlich hat es etwas mit mir zu tun, aber ich habe keine Ahnung, was es sein könnte, wie ich anders mit ihm kooperieren könnte. Ich kann Ihnen erzählen, wie ich mit ihm in der Schule umgehe, dann können Sie mir sagen, wie sie das zu Hause handhaben. Vielleicht finden wir dann zusammen einen konstruktiven Weg.“ Das wäre dann der Anfang eines persönlichen Dialogs. Der Lehrer muss sich dabei nicht schuldig fühlen: „Tut mir Leid, Sie rufen zu müssen, wahrscheinlich ist es mein eigener Fehler, und jetzt ärgere ich Sie damit ...“ – Nein, das wäre eine nette, aber unaufrichtige Art, mit den Eltern in Kontakt treten zu wollen. Der Lehrer sollte geradeheraus sagen, was er denkt ... Wenn der Lehrer nämlich so ansetzt, werden sich die Eltern nach spätestens zwanzig Minuten darauf einlassen und sich öffnen. Sie werden ihr privates Leben vor ihm nicht verschließen und sehr bemüht sein, ihm zu helfen. – Wenn wir über unsere Schwierigkeiten in einer persönlichen Weise sprechen, verwandeln sie sich schon, während wir sprechen, und wenn wir am nächsten Morgen aufwachen, ist alles anders.

Also sieht es auch hier so aus, dass Erwachsene bereit sein müssen, sich zu verändern, reifer zu werden und nicht zu meinen, sie seien mit ihrer Entwicklung am Ende?

Ja, denn nur so ändert sich auch bei den Kindern etwas. Und Kinder brauchen im Grunde keine sonderliche Motivation, um in die Schule zu gehen – sie sind von Haus aus neugierig und freuen sich als kleine Kinder, endlich in die Schule gehen zu dürfen. Nur ändert sich das dann nach ein paar Jahren, und sie gehen plötzlich mit Widerwillen in die Schule. Aber das kann sich auch ändern, wenn Eltern und Lehrer aufeinander zugehen und einen guten Dialog führen.

Wenn sie in eine Schule gerufen werden, wie gehen Sie da konkret vor?

Zum Beispiel, ich werde in eine 6. Klasse gerufen, weil dort das große Chaos ausgebrochen ist. Ich frage die Lehrer, was ihnen an der Lernkultur dieser Klasse missfällt, und dann frage ich genau dasselbe auch die Schüler. Was dabei herauskommt, ist, dass Lehrer und Schüler in ihren Diagnosen völlig übereinstimmen: Mit den Aspekten, mit denen die Lehrer unzufrieden sind, sind auch die Schüler unzufrieden. Der Fehler, den die Lehrer begehen, ist, einfach zu beschließen: Wenn das so ist, dann lasst uns das gemeinsam ändern! Dabei geben sie aber die Führung ab und vergessen, dass die Änderung von ihnen ausgehen muss und nicht von den Schülern. Die Kinder können nicht einfach von heute auf morgen beschließen: Ab morgen sind wir brave Kinder und arbeiten fleißig mit! Die Kinder brauchen eine prozessorientierte Führung – und die muss von den Lehrern kommen.

Und woran fehlt es dann den Lehrern, um diese Führung anbieten zu können?

Es fehlt ihnen an persönlicher Autorität – aber die persönliche Autorität ist kein Talent, wie man das früher dachte, sie lässt sich entwickeln. Und wenn die Lehrer Verantwortung übernehmen und wegkommen von dem Gedanken, die Kinder dauernd belehren zu wollen, dann werden sich die Kinder sofort ändern. Es gilt für die Lehrer genau dasselbe wie für die Eltern: dass sie lernen müssen, sie selbst zu sein, und endlich ihr Rollenverhalten und ihre Maske aufzugeben.

Und wie soll das gehen?

Ganz einfach, indem wir zu einem elementaren Ethos zurückfinden und das Leben als Leben respektieren! Und dies bedeutet konkret, dass die Schule sich von der absurden Frage, ob die Schule die Kinder überhaupt „erziehen" soll, verabschiedet. Denn es ist doch selbstverständlich, dass du Kinder „erziehst", wenn du mit ihnen im selben Raum bist oder sogar mit ihnen zusammen arbeitest. Die Frage sollte eher folgendermaßen lauten: Weil wir uns auf Kinder beziehen, d. h. sie erziehen, wie wollen wir mit dieser Tatsache umgehen? Also, mich interessiert ein Ethos – ich möchte, dass es in Schulen mehr und mehr um Fürsorge geht und nicht ständig um Belehrung.

Ein alter Schulleiter, der seit fünf Jahren in Rente ist, hat mir mal Folgendes gesagt: „Wenn ich auf meine eigene Schulzeit zurückblicke, dann muss ich feststellen, dass damals Kinder mit ihren Dramen allein fertig werden mussten. Sie konnten mit niemandem sprechen, denn jeder war allein. Jetzt, seit Kinder freier sind, bestehen sie darauf, ihre Geschichte jemandem zu erzählen, und haben den Wunsch, ihr Leben mit den anderen zu teilen. Die Lehrer sind dazu noch nicht bereit, doch das wird sich irgendwann ändern müssen. Lehrer wollen nicht in das Leben der Kinder einbezogen werden, sie wollen sie nur lehren. Sie wollen also, dass Kinder ihre Seele zu Hause lassen und nur ihren Kopf in die Schule bringen. Aber Kinder bringen ihre ganze Existenz zur Schule." Lehrer sind damit überfordert, weil das ja auch von ihnen erwartet wird: ihre persönlichen Verstrickung gefälligst vor dem Schultor abzugeben. Aber in den skandinavischen Ländern haben wir zum Glück auch in den Schulen Supervision, Coaching und so genannten „reflection groups" („Nachdenk-Gruppen") eingeführt, so dass Lehrer mit ihrer ganzen Existenz das Schulgebäude betreten und offen mit ihren Kollegen über sich sprechen können, wenn sie sich erschöpft fühlen, depressiv sind usw. Das war vor zwanzig Jahren wirklich ganz anders, da durftest du keine Schwäche zeigen und vor den Kollegen weinen, denn du wurdest gleich als mentaler Problemfall behandelt. Heute wird es den Lehrern erlaubt, sich in ihrer Menschlichkeit zu zeigen, und das wird sich positiv auf den Umgang mit den Schülern auswirken.

Was wir in allen Institutionen beobachten können, die sich mit Menschen beschäftigen, ist, dass es sehr verbreitet ist, dass Menschen über ihre Wünsche, ihr Glück, ihr Elend, ihre Krankheiten sprechen. Wenn du allerdings in die Chefetage von VW gehst, ist es noch nicht so – aber das ist eine Phase, die bald zu Ende gehen wird.

Der Dialog in Grenzsituationen

Wie könnte ein Dialog in Grenzsituationen (Scheidungen, Tod, schwere Erkrankungen usw.) geführt werden?

Es gibt ein altes amerikanisches Sprichwort, das ich in diesem Kontext treffend finde: „If everything failed, try the truth!" („Wenn alles schief geht, probier's mit der Wahrheit!"). Also – sag deinem Kind die Wahrheit, von der du durchdrungen bist, wenn du sie überhaupt kennst! Und wenn die Wahrheit lautet: „Dein Vater hat uns verlassen, er will nicht mehr mit uns zusammenleben. Ich weiß nicht, warum …", dann ist das die Wahrheit – und auch das, was du deinem Kind sagen kannst.

Und wenn der Vater gestorben ist, sagt man dann, er sei im Himmel?

Nun gut, du kannst sagen, was immer du glaubst. – Für kleine Kinder ist es gut, ein Bild zu entwerfen: „Er ist dort oben, unerreichbar, zusammen mit der Engelschar!" Das ist in Ordnung, solange du nicht die Tatsache leugnest, dass er tatsächlich für immer weg ist und nie wieder zurückkommen wird. Und es ist auch wichtig, dass die Kinder an der Beerdigung teilnehmen. Ich finde es furchtbar, Kinder zu isolieren – das ist beispielsweise in Kroatien oft so.

Ein Kollegin von mir, die sehr lange in der Psychiatrie gearbeitet hat, hat ein schönes Buch geschrieben: „Was Kinder nicht wissen, verletzt sie". Und das ist in Familien wirklich so: Geheimnisse können tödlich sein. Ich schlage also nicht vor, dass du deinem Kind Vorträge halten sollst über die Details aus deinem sexuellen Leben, aber dass ein Elternteil ernsthaft krank ist oder du dich von deinem Mann trennen möchtest, das ist für das Kind wichtig – und es ist gut, wenn es die Wahrheit erfährt, vor allem dann, wenn es dich danach fragt. Denn: Was sie nicht wissen, verletzt sie.

Sie werden sonst ausgeschlossen und können sich dann ihren eigenen Reim darauf machen ...

Wenn du sie ihrer eigenen inneren Welt überlässt, dann fühlen sich Kinder immer schuldig, und darum ist auch die Scheidung der Eltern so schmerzhaft für sie. Deshalb sind Familienmeetings so wichtig, damit das Kind erfährt, dass es nicht schuld an der Scheidung – oder die Fälle, die meine Kollegin in ihrem Buch beschreibt – oder dass es nicht schuld an der Schizophrenie des Vaters ist. Sonst leben Kinder mit dieser Bürde und werden sie nicht mehr los.

Wenn wir ihnen also nicht die Wahrheit erzählen, weil wir versuchen, sie zu schützen, tun wir ihnen keinen Gefallen: Wir schützen dann eigentlich nicht sie, sondern uns selbst. Andererseits verstehe ich auch die Erwachsenen, die sich anders entscheiden und dem Kind lieber gar nichts sagen: Es ist sehr schwer, nach zehn Jahren Ehe deinem Partner zu sagen: „Ich möchte mich scheiden lassen", aber noch sehr viel schlimmer ist es, deinem Kind zu sagen: „Ich möchte euch verlassen!"

Selbstvertrauen und Selbstwertgefühl

Wir hören es sehr oft, dass Menschen von sich sagen: „Wenn ich nur etwas mehr Selbstvertrauen hätte ..." Andere wiederum sagen: „Der hat ja überhaupt kein Selbstwertgefühl, wenn man sieht, wie er sich ausnützen lässt!" – Selbstvertrauen und Selbstwertgefühl sind zwei Begriffe, die sehr häufig verwendet werden, doch scheinen diese Begriffe einer Klärung zu bedürfen, denn jeder meint was ganz anderes damit ...

Ja, sogar Psychotherapeuten und Psychologen haben da unterschiedliche Auffassungen. Und da muss ich Ihnen gleich eine Geschichte erzählen, denn sie wird zeigen, warum für mich persönlich der Unterschied zwischen Selbstvertrauen und Selbstwertgefühl so wesentlich ist – wenn man nämlich die beiden Zustände, für die diese Begriffe stehen, verwechselt, dann kann es zu einer völlig falschen Diagnose kommen, und der Klient wird nie und nimmer sein Problem durchschauen. Die Geschichte also: Ich wurde gebeten, in einer Klinik eine Psychologin, die mit alkoholsüchtigen Menschen arbeitet, zu supervidieren. Einer ihrer Patienten war ein fünfunddreißigjähriger Mann, der einige Mal Weltmeister in seiner Sportart geworden war, also ein sehr bekannter Mensch. Die Klinik-Psychologin hatte es zwar geschafft, dass er seit acht Monaten nicht mehr trank, aber trotzdem, meinte sie, finde er sich in der Welt nicht zurecht. In einer typischen Psychologensprache meinte sie, er habe eine ganze Menge Widerstand, und das, weil er wohl kein Selbstvertrauen habe.

Als ich dazukam, stellte ich ihm zwei Fragen. Die erste Frage lautete: „Wie kam es, dass Sie Weltmeister geworden sind?" Und da erzählte er mir seine Geschichte: In der Schule, der zweiten Stufe, war es damals üblich, dass einmal im Jahr der Klassenlehrer den Eltern Hausbesuche abstattete. Sein Klassenlehrer kam also auch zu ihnen und sagte, es sei alles in Ordnung mit ihm, das Einzige, was ihm aufgefallen sei, sei, dass ihr Sohn sehr wenig Selbstvertrauen habe. Die Eltern teilten diese Einschätzung und fragten, was man machen könnte. Der Lehrer schlug vor, den Jungen darin zu bestärken, viel Sport zu betreiben, um sein Selbstvertrauen zu stärken. Die Eltern förderten ihren Sohn also, hatten aber nie den Ehrgeiz, einen Champion aus ihm zu machen. Aber er wurde sehr erfolgreich und brachte es bis zum Weltmeister in seiner Disziplin.

Als ich ihn dann fragte: „Warum haben Sie angefangen, so viel zu trinken?", erzählte er mir den zweiten Teil seiner Geschichte. Als er mit seiner Sportkarriere aufgehört hatte, merkte er plötzlich, dass er keine wirklichen Freunde hatte – die Menschen, die ihn umgaben, waren nicht da, weil er so ist, wie er ist, sondern wegen seines Images, sie schätzten nicht ihn als Person, sondern seine Leistung.

Nun sollte er aus der Klinik entlassen werden und war so schrecklich aufgeregt, dass er seiner Psychologin plötzlich sagte, er habe zu wenig Selbstvertrauen. Als sie das hörte, hat sie einen Plan für ihn ausgeheckt: Er sollte, da er ja noch immer einen Namen hatte, zu dem lokalen Sportclub gehen und dem Club anbieten, dass er Kinder und Jugendliche trainieren würde. Ihrer Meinung nach war das der perfekte Weg, ihn wieder in die Gesellschaft zu integrieren. Er aber empfand so viel Widerstand bei diesem Gedanken, dass er es nicht tun konnte, obwohl er intelligent genug war, um festzustellen, dass die Idee seiner Psychologin gut war. Nur, er konnte sie nicht umsetzen! – Warum? Weil sein Problem ein anderes war: Er hatte genug Selbstvertrauen, aber kein Selbstwertgefühl.

Dieser Mensch hatte also viel Vertrauen in seine Fähigkeiten als Sportler, aber wenig in sich selbst als Mensch?

Ja, er ist ein sehr gutes Beispiel dafür, dass es zwar wunderbar sein kann, Selbstvertrauen zu haben, aber dass es existentiell nicht ausreicht. Selbstvertrauen hast du in ganz bestimmten Bereichen – z. B. in Mathematik oder Sport –, aber wenn du kein Selbstwertgefühl hast, wirst du immer wieder von dir behaupten: „Ich habe zu wenig Selbstvertrauen!" Du spürst nämlich, dass dir etwas fehlt, und nennst es Selbstvertrauen, aber meinst eigentlich Selbstwertgefühl.

Was ist überhaupt der Unterschied?

Das Selbstwertgefühl hat nichts damit zu tun, was für tolle Fähigkeiten du hast, wie gut du in ganz bestimmten Bereichen bist und was du alles erreichen kannst, sondern es hat damit zu tun, wer du bist und wie du dich selbst darauf beziehst, wer du bist. – Und mit dem Selbstvertrauen verhält es sich also recht einfach: Ein Kind, das zu wenig Selbstvertrauen hat, kannst du unterstützen, indem du ihm zum Beispiel bei den Hausaufgaben hilfst – und dann wird es gewiss von Mal zu Mal besser in der Schule und allmählich mehr Selbstvertrauen entwickeln. Es wird vielleicht kein guter Fußballspieler, denn dazu fehlt ihm das Talent, also wird es in diesem Bereich wenig Selbstvertrauen haben, aber es wird allmählich bessere Schulaufsätze schreiben.

Für Menschen, die ein gutes Selbstwertgefühl haben, ist es kein Problem, ein niedriges Selbstvertrauen zu haben – denn die sagen sich dann: „Okay, ich wollte zwar Klavier spielen lernen, ich habe zwei Jahre Unterricht gehabt, aber ich bin leider nicht gut genug, um ein Pianist zu werden!" Sie sind vielleicht darüber etwas traurig, aber es ist überhaupt keine Tragödie. Wenn sie aber kein gesundes Selbstwertgefühl haben, heißt so eine Einsicht dann gleich: „Ich habe versagt! Ich bin in allem schlecht! Was immer ich versuche, ich kann's nicht. Wenn ich in den Spiegel schaue, merke ich, dass alle anderen schöner, klüger und erfolgreicher sind als ich!" Dann sehen solche Menschen alles schwarz.

Menschen mit mangelndem Selbstvertrauen kann man also leichter helfen?

Ja, mit Training, Übung, Coaching, vielen Feedbacks (die allerdings sachlich sein sollten und nicht emotional) kann ein Mensch in ganz bestimmten Bereichen Selbstvertrauen entwickeln. Wenn wir aber über mangelhaftes Selbstwertgefühl sprechen, dann verlassen wir die pädagogische Sphäre, in der es immer wertvolle Tipps gibt, um gewisse Aufgaben mit Erfolg zu verrichten, und gelangen in die existentielle: Kann ich mich selbst tragen und annehmen so, wie ich bin? Das Selbstwertgefühl hat zwei Dimensionen – eine kognitive: Wie gut kenne ich mich? Was könnte ich noch in mir entdecken?, und eine affektive: Wie fühle ich mich im Zusammenhang mit dem, was ich über mich selbst weiß? Ist es beschämend für mich? Fühle ich mich schuldig? Muss ich mich die ganze Zeit kritisieren? Bin ich ständig unglücklich mit dem, was ich bin? Es gibt sehr viele Möglichkeiten, dich auf dich selbst zu beziehen.

Zum Beispiel, wenn eine Frau ihre intellektuellen Fähigkeiten voll und ganz in ihrem Leben einsetzt, dann kann es sein, dass sie etwas in sich spürt, was sie vernachlässigt, nämlich ihre leidenschaftliche Seite. Sie weiß es aber über sich selbst, dass es da in ihr noch jemanden gibt, der leidenschaftlicher leben möchte, und wenn sie das spürt und weiß, dann kann sie dieser Seite auch zum Leben verhelfen. Und selbst wenn sie es nicht schafft, leidenschaftlicher zu leben, es wird für sie nur dann zum Problem werden, wenn sie sich moralisierend auf sich selbst bezieht, wenn sie sich also selbst verurteilt und sagt: „Wie furchtbar, dass sich diese Leidenschaft immer wieder bemerkbar macht! Ich möchte mich damit aber nicht weiter beschäftigen!" Wenn sie sich diese Seite also nicht anschaut und ausblendet, dann wird sie ein Problem haben. Denn was sie dann machen würde, wäre, sich selbst klein zu machen, indem sie ihr intellektuelles Ego völlig aufbläht. Und das allein kann sie gewiss nicht durchs Leben tragen.

Man kann also sein geringes Selbstwertgefühl nicht damit aufwerten, dass man an seinem Selbstvertrauen arbeitet. Kennen Sie das auch aus Ihrem eigenen Leben?

Ja, natürlich, ich gehöre zu einer Generation, die ganz allgemein ein geringes Selbstwertgefühl hat. – Wenn ich heute einen Vortrag vor 500 Menschen halten soll, dann würde ich das nicht deswegen ohne weiteres tun, weil ich so ein gutes Selbstwertgefühl habe. Nein, ich würde es tun, weil ich über all die Jahre gute Feedbacks bekommen habe: Ich weiß, dass ich meist sehr gute Vorträge halten kann. Mein Selbstvertrauen macht es mir also möglich, einen Vortrag zu halten, und nicht mein Selbstwertgefühl – wenn ich mich nämlich auf Letzteres verlassen würde, dann würde ich mich eher im Hotelzimmer einsperren, statt mich der Öffentlichkeit zu zeigen.

Das klingt so, als wäre das Selbstvertrauen „minderwertiger" als das Selbstwertgefühl?!

Nein, Selbstvertrauen ist im Leben genauso wesentlich wie Selbstwertgefühl – sie verhalten sich zueinander wie Fleisch und Wein, beide gehören zu einer Mahlzeit, sind aber komplett unterschiedlich, weil sie von unterschiedlichen Quellen gespeist werden. Das Selbstwertgefühl entscheidet sehr über die Qualität unseres Lebens und unserer Beziehungen zu anderen Menschen. Menschen, die ein niedriges Selbstwertgefühl haben, haben große Schwierigkeiten, ihre wahre Größe zu finden: Sie machen sich zu klein oder zu groß; einige wollen unsichtbar sein, andere exponieren sich die ganze Zeit und wollen nichts sehnlicher, als gesehen zu werden.

Apropos „gesehen werden", da gibt es in Deutschland Sendungen wie „Big Brother", in denen sich Menschen tatsächlich exponieren, um endlich wahrgenommen zu werden ...

Nein, ich meine nicht, dass es dabei um „wahrnehmen" geht,

sondern eben einfach nur um „gesehen werden". Wenn du nämlich Menschen fragst, warum sie an solchen verrückten Reality-Shows teilnehmen, dann sagen sie dir genau das: Sie wollen gesehen werden! Und das ist ja auch wunderbar: Jeder Mensch braucht das – vor allem Kinder – aber eben im Sinne von „wahrgenommen werden". Und das realisieren die wenigsten, dass sie in solchen Shows zwar von anderen begafft, aber nicht wirklich wahrgenommen werden.

Als junger Therapeut war ich sehr überrascht festzustellen, wie viele schöne Frauen wirklich kein Selbstwertgefühl haben, und das rührt daher: Sie wurden als Mädchen auch nur begafft, aber nie wirklich wahrgenommen. Deshalb investieren solche Frauen ihr ganzes Leben lang sehr viel in ihr Aussehen und wollen auch ewig junge Mädchen sein.

Es gibt viele Menschen – vor allem im Sport und Showbusiness –, die sehr viel Selbstvertrauen haben, wenn sie erfolgreich sind und alles gut läuft. Aber du kannst dann sichtlich beobachten, wie wenig Selbstwertgefühl sie haben, wenn es ihnen nicht gut geht – die meisten können sehr aggressiv und unausstehlich werden. Ein gutes Beispiel dafür ist Oliver Kahn.

Ein geringes Selbstwertgefühl macht sich also bemerkbar im Umgang mit anderen Menschen ...

Nein, nicht nur im Umgang mit anderen, sondern auch im Umgang mit dir selbst. Wenn du ein geringes Selbstwertgefühl hast, ist es sehr schwer für dich, aufrichtig zu sagen, was du brauchst, was du möchtest, welches deine Grenzen sind, und deshalb wirst du Probleme im Umgang mit anderen Menschen haben, weil du ihnen nicht im richtigen Augenblick mit einem guten Gewissen „Ja" oder „Nein" sagen kannst. Natürlich kannst du diese deine Unfähigkeit kaschieren, indem du dich nicht wirklich auf sie einlässt, aber tust, als wärst du immer der Rudelführer. Du bist nicht imstande, mit den allernächsten Menschen aus deinem

Umfeld ein Gespräch von Angesicht zu Angesicht zu führen, aber du kommandierst sie herum, kontrollierst und bewertest sie die ganze Zeit. Das heißt nichts anderes als: Du kannst keine Verantwortung für dich übernehmen!

Wie können Eltern dazu beitragen, dass sich das Selbstwertgefühl ihres Kindes entwickelt?

Es ist für uns alle, aber vor allem für Kinder, wesentlich, wahrgenommen zu werden – und wie bereits angemerkt, gibt es einen Unterschied zwischen „sehen“, „begaffen“ und „wahrnehmen“.[6] Und ich möchte ein universelles Beispiel geben – es ist universell zu nennen, da es überall auf der Welt Geltung hat: Ein zweijähriges Kind befindet sich das erste Mal auf der Rutschbahn, es wird genauso wie alle anderen Kinder auf der Welt ausrufen: „Mama, schau mich an!“ Denn genau das ist es, was sie brauchen: wahrgenommen zu werden und nicht bestaunt oder begafft zu werden. Sie brauchen also jemanden, der in Worten oder Taten ausdrückt: „Ja, ich sehe, dass du da bist!“ Als Mutter des Kindes auf der Rutschbahn kannst du nun einfach da stehen und deinem Kind zuwinken. Du kannst aber auch „Hey!“ oder „Ich sehe dich!“ sagen. Oder wenn du wirklich wahrnimmst, wie sich dein Kind das erste Mal auf der Rutschbahn fühlt, dann kannst du ihm auch mehr dazu sagen: „Du hast ja viel Spaß auf der Rutschbahn, aber auch ein bisschen Angst, stimmt's?“ So eine Aussage ist wieder mal ein großes Geschenk: Du hast deinem Kind geholfen, Worte zu finden für seinen momentanen Zustand in der Welt. – Was aber die meisten Eltern tun, ist, sie fangen an, das Kind zu loben, als ginge es hier um eine Leistung. Sie verwechseln Erfahrung mit Leistung, und kommentieren: „Das hast du toll gemacht!“ Dabei hat das Kind weder etwas getan, was gut, noch etwas, was schlecht sein kann. Es ist einfach

6 Siehe auch „Das kompetente Kind“, Rowohlt Verlag 2003, auf Seite 100ff., wo Jesper Juul diesen Unterschied thematisiert!

hinuntergerutscht und hat dabei innerlich eine ganze Menge erlebt.

Es gibt dann auch Eltern, die, wie aus der Pistole geschossen, immer nur eins sagen: „Gib acht, tu dir nicht weh!" Oder: „Mach dich nicht schmutzig!" Egal, was das Kind gerade tut, die Eltern haben nur diese Kommentare parat. Und was sie damit tun, ist ihnen gar nicht bewusst: Sie zerstören die Erfahrung des Kindes, indem sie vom Kind verlangen, dass es ihre Regeln bestätigt, statt dass sie als Eltern die Existenz ihres Kindes bestätigen – und das ist es, was das Kind wirklich bräuchte, um sein Selbstwertgefühl entwickeln zu können. Da haben Erwachsene eine tödliche Macht, Dinge zu definieren, ein Ausdruck, den eine norwegische Pädagogin vor fünfzehn Jahren geprägt hat („the adult power of definition"). Erwachsene haben die Macht, Kinder als gut oder schlecht, als hysterisch oder süß „zu definieren". Aber je mehr du jemanden definierst, umso weniger Raum gewährst du ihm, damit er herausfindet, wer er ist. Wie sollen also Kinder herausfinden, wer sie sind, wenn sie ständig unfair beurteilt werden? Diese Macht der Erwachsenen, alles zu definieren, ist im Grunde Gift für die Kinder. In der Entwicklung ihres Selbstwertgefühls kann ihnen gar nichts Schlimmeres passieren.

Haben Erwachsene überhaupt Chancen, sich zu verändern?

Doch, ich habe viele Eltern erlebt, die ihr Verhalten geändert haben. Denn es geht einfach nur darum, sich an eine neue Sprache zu gewöhnen. Und wenn du damit anfängst, wirst du so viel positives Feedback erfahren, dass du damit nicht mehr aufhören kannst. Wenn du in einer beurteilenden, wertenden Sprache verbleibst, vereinsamst du irgendwann und gerätst nur noch in Konflikt. Wenn du einen persönlichen Dialog führen möchtest, sprichst du über dich und nicht über mich. Wenn du aber anfängst, mich abzuurteilen, dann ist klar: Ich werde es auch tun – und schon ist der Streit da. Wir kämpfen jeweils um unsere Positionen und verlieren dabei den Kontakt zueinander. Jeder überschüttet den anderen mit Vorwürfen, und es ist völlig unproduktiv: Wir lassen zwar Dampf ab, aber verletzen uns auch gegenseitig und sind zum Schluss beide unglücklich und keineswegs geheilt.

Genau dasselbe geschieht zwischen Eltern und Kindern. Eltern beurteilen sie ständig, sagen ihnen, was sie gut oder schlecht finden. Der einzige Unterschied ist, dass Kinder in den ersten neun Jahren ihres Lebens tatsächlich glauben, dass ihre Eltern Recht haben, dass sie die besten Eltern der Welt sind – ganz egal, ob sie ihre Kinder als positiv oder negativ „definieren".

Einer meiner ersten Klienten, der jeweils fünfzehn Mal innerhalb von zwei Jahren zu mir kam, ein Kind wohlhabender Eltern, der in allen Lebensbereichen erfolgreich war, sich aber selbst nicht ausstehen konnte, hat es in einer der Sitzungen sehr gut auf den Punkt gebracht: „Meine Eltern haben mir immer gesagt, wie wunderbar ich bin, aber sie haben mir keine Substanz mit auf den Weg gegeben." Sie haben ihm also ein schönes Label verpasst, aber dies Label hatte keinen Inhalt. Wie soll er sich wunderbar fühlen? Wie fühlt sich so etwas an? Das Label hilft ihm nicht, diese Frage zu beantworten. Die Eltern haben es wohl gut gemeint, ihn mit einem positiven Label zu versehen, aber ein Label bleibt ein Label, ob negativ oder positiv – es hat keine Tiefenwirkung und stabilisiert das Kind nicht wirklich. Für ein solches Kind ist es sehr schwierig, ein gutes Selbstwertgefühl zu entwickeln.

Und trotzdem müssen ja Eltern den Kindern sagen, ob es gut oder schlecht ist, beispielsweise eine heiße Herdplatte zu berühren ...

Ich sage ja nicht, dass Eltern das Verhalten der Kinder niemals beurteilen sollen, aber sie sollten vielleicht zwischen „Wie sich ein Kind verhält" und „Wer das Kind ist" unterscheiden. Denn

Eltern denken darüber gar nicht oder recht kurzschlüssig nach: Wenn das Verhalten nicht in Ordnung ist, ist das Kind nicht in Ordnung! Und das ist ein Fehlschluss. Das Kind ist kein böses Kind, nur weil es sich überzeugen wollte, ob die Herdplatte tatsächlich heiß ist. Wenn du ihm das aber so vermittelst: „Du bist böse!“, machst du es dem Kind sehr schwer, sein Selbstwertgefühl zu entwickeln. Auch hier gilt also: Willst du, dass ein Kind sein Selbstwertgefühl entwickelt, dann sprich eine persönliche Sprache: „Ich möchte nicht, dass du das und das tust!“ Damit sagst du ihm, was du wünschst, es hat also die Gelegenheit, dich besser kennen zu lernen, und sein Selbstwertgefühl kann sich entwickeln: Es weiß, es ist in Ordnung, wie es ist!

Aber es kommt ja häufig vor, dass Erwachsene selber auch kein Selbstwertgefühl haben. Wie können sie es überhaupt noch entwickeln?

Erwachsene können zusammen mit ihrem Kind ihr Selbstwertgefühl entwickeln. Was ich damit allerdings nicht meine, ist, dass Kinder einfach wunderbar sind und alles tun sollten, wozu sie gerade Lust haben. Aber sie dauernd zu kritisieren und korrigieren, als würden sie nichts gut genug machen, das hilft ihnen keinen Schritt weiter – und auch den Erwachsenen nicht. Die können nämlich auf diese Weise ihr mangelhaftes Selbstwertgefühl auch nicht aufpäppeln.

In persönlichen Beziehungen sollte es immer möglich sein, dein Unbehagen oder deine Unzufriedenheit auch anders auszudrücken, als bloß indem du den anderen zurechtweist. Was du nämlich dabei machst, ist, dich auf den Thron zu setzen – und das geht nur auf Kosten des anderen.

Wieso fällt es den Eltern so schwer, Kinder so zu sehen, wie sie sind, wenn das doch so wesentlich sein soll für ihr beiderseitiges Selbstwertgefühl?

Das Merkwürdige ist, das stelle ich immer wieder mit Erstaunen fest, dass Eltern in den ersten zwölf Monaten des Kindes sehr eifrig dabei sind, herauszubekommen, wer dieses Kind ist. Wenn es weint, wollen sie wissen, warum. Wenn es sich freut, ebenfalls ... Also haben Erwachsene großes Interesse daran, zu wissen, ob es ihrem Kind gut geht oder nicht. Sie sind sehr neugierig auf jede seiner Reaktionen. Aber nach diesen ersten paar Monaten verlieren Eltern plötzlich dieses Interesse, und sie fangen an, das Kind zu „definieren" – sie fangen an, jede seiner Taten zu beurteilen, und sind nur noch am Korrigieren. Erwachsene haben also damit ein Problem, mit den Kindern in Kontakt zu bleiben. Sie wollen zwar wissen, wie es ihnen geht, fragen aber dann nicht: „Wie geht es dir?", sondern: „Was ist los mit dir heute?" Das heißt, sie geben dem Kind das Gefühl, es sollte sich gefälligst anders verhalten – denn so ist es nicht in Ordnung. Sie warten also gar nicht ab, dass das Kind ihnen etwas erzählt, sondern schießen gleich los. Ich meine, es steckt eine tiefe Wahrheit in dem Sprichwort: „Du machst Kinder böse, indem du sie für böse erklärst." Je mehr Eltern ihre Kinder definieren, umso weniger lernen sie über sie.

Und auch über sich selbst ...

Ja, klar, denn sie könnten mit ihren Kindern eine empathische Sprache erlernen, die ihnen auch in der Beziehung zu anderen Erwachsenen weiterhilft. Denn wie viele Erwachsene laufen herum, ohne ihre Sprache gefunden zu haben? Sie können vielleicht als Künstler ein tolles Bild malen und verarbeiten damit ihre Lebenskonflikte, aber wenn sie mit ihren Kindern Schwierigkeiten haben, dann hilft es ihnen gar nichts, abzuhauen und die ganze Nacht hindurch ein Bild darüber malen. Das kann dich vielleicht persönlich ausbalancieren, aber in deiner Beziehung zu deinen Kindern wirst du scheitern, wenn du dich nicht auf sie zubewegen und nicht mit ihnen sprechen kannst.

Das ist übrigens das Problem vieler Künstler: Sie haben Angst, in Therapie zu gehen, weil sie meinen, sie könnten ihre künstlerischen Fähigkeiten dabei einbüßen, was nicht stimmt zu. Es ist wunderbar, viele Ausdrucksmöglichkeiten zu haben, aber ab einem gewissen Zeitpunkt und in bestimmten Situationen brauchst du einfach die Sprache – deine persönliche Sprache.

Wenn du möchtest, dass dein Kind Selbstwertgefühl entwickelt und später nicht immer wieder zum Opfer wird, dann musst du es genau darin begleiten, seine eigene Sprache zu finden. So wirst du das psychische Immunsystem deines Kindes stärken, und dein Kind wird ein gutes Selbstwertgefühl haben und sozial nicht nur überleben, sondern leben. Es wird sich ausdrücken können, mit anderen kommunizieren, es wird auch eine Streitkultur entwickeln und sich von anderen Menschen so trennen, dass es nicht die ganze Welt dafür verantwortlich macht und für schuldig erklärt. Es wird ein reifer Mensch sein!

Nun haben wir aber auch noch einen weiteren Begriff, nämlich Selbstbewusstsein – einen Begriff, der bei den Philosophen sehr häufig vorkommt. Was verstehen Sie darunter?

Das Selbstbewusstsein – sich seiner selbst bewusst sein – ist so etwas wie eine Funktion des Selbstwertgefühls. Kinder und Jugendliche zum Beispiel haben heute mehr Selbstbewusstsein: Sie sind sich ihrer Existenz gewahr, aber das heißt noch lange nicht, dass sie auch ein gutes Selbstwertgefühl haben. Diese jungen Menschen wissen heute, dass sie einen Wert haben – einfach weil sie menschliche Wesen sind. Und das macht mich sehr glücklich, zu sehen, wie sie mit erhobenem Kopf auf der Straße herumlaufen, während meine Generation mit gesenktem Kopf schüchtern entlang den Mauern ging. Früher hat man es jungen Menschen eingebläut, dass sie nur, wenn sie brav sind, eine Existenzberechtigung haben. Und dass sie wie alle Kinder auf dieser

Welt vieles anstellten, was nicht als „brav" gelten konnte, war klar, so dass sie sich ständig schuldig fühlten und den Blick verschämt auf den Boden richteten.

In Amerika kam es häufiger vor, aber auch in Deutschland, dass Jugendliche Amok liefen – wie ist dies zu erklären?

Diese Jugendlichen werden meist als unauffällig, angepasst, nett, anständig beschrieben. Und natürlich: Sie kommen aus guten Familien, die ein gutes Verhältnis zu allen Nachbarn haben. Was aber typisch für „gute Familien" – vor allem für die amerikanischen – ist, dass sie die ganze Zeit Loblieder auf ihre Kinder anstimmen. Und was diese Kinder dann entwickeln, ist kein gesundes Selbstwertgefühl, sondern sie werden zu angeheizten, aufgeblasenen Egos. Da braucht nur eine Kleinigkeit vorzufallen, und schon lösen sich diese Egos in Nichts auf. Eine kleine Enttäuschung, dass die Zensuren nicht gut genug sind, dass er nicht ausgewählt wurde fürs nächste Fußballspiel usw., das reicht diesem jungen Menschen, um in Wut auszubrechen. Diese Kinder wurden zwar dauernd gelobt und mit großen Worten betört: „Du bist wunderbar! Ganz erstaunlich, was du da machst! Wie phantastisch du bist!", aber sie haben keine Wärme und authentische Nähe erfahren. Mit anderen Worten: Diese Kinder sind von ihren Eltern konsequent betrogen worden.

Mich persönlich macht es immer sehr traurig, wenn mir jemand ein positives Label verpasst: Ich fange an, innerlich zu weinen, weil das ein Label ist, das mich schmerzhaft daran erinnert, wie sehr ich mich nicht wahrgenommen gefühlt habe. Und das war der Fehler meiner eigenen Therapeuten, dass sie meinten, ich müsse lernen, Lob zu akzeptieren. Aber nicht das war der Punkt, sondern der, dass ein solches Label völlig ohne Inhalt daherkommt und dich nichts als einsam macht. Wenn mir jemand sagt: „Du bist toll!", dann sagt er damit gar nichts aus. Es hat keinen Wert.

Nun ja, ich neige selbst dazu, jemanden, den ich gut finde, einfach nur „toll" zu nennen. Das ist nicht leicht, sich das stets zu vergegenwärtigen, dass man dabei im Grunde nichts gesagt hat ...

Wenn ich dies zum Beispiel Lehrern oder Eltern beibringen möchte, dann mache ich immer folgenden Vergleich: Stell dir vor, dass dein bester Freund Künstler ist. Du hast ihn sehr lange nicht mehr gesehen, und nun lädt er dich auf eine Vernissage ein, wo er seine neuesten Bilder präsentiert. Und nun gehst du dahin, und er fragt dich, wie du seine Bilder findest. Es ist doch ganz klar, dass er weder übertriebenes Lob noch eine niederschmetternde Kritik hören möchte, sondern er möchte als dein alter Freund wissen, was dir seine Bilder sagen, was sie in dir auslösen. Er will also eine persönliche Reaktion, selbst wenn die dann vielleicht ganz knapp lautet: „Entschuldige, deine Bilder sagen mir gar nichts!" Diese Antwort ist aber für ihn okay. Der Satz „Ganz toll, was du da machst!" wäre es hingegen nicht. Und wenn du genügend persönliche Reaktionen erhältst, kannst du dann auch irgendwann selber entscheiden, ob du gut bist oder nicht.

So auch, wenn ich einen Vortrag halte. Wenn mir einer sagt: „Du bist ein brillanter Redner!", gibt mir das gar nichts. Wenn aber jemand wiederkommt und mir sagt, dass der und der Satz von mir etwas in seinem Leben verändert hat, dann weiß ich, ob ich ein „guter oder schlechter Lehrer" war. Das ist der wesentliche Unterschied!

Es ist sehr wichtig, zu wissen, dass Lob Kindern keine Qualität vermittelt. Und Kinder ab dem sechsten oder siebten Lebensjahr sind sehr realistisch: Sie wissen, wie gut sie sind, denn sie vergleichen sich mit ihren Freunden. Wenn sie also einen Aufsatz schreiben, wissen sie, dass ihr Aufsatz nicht so gut ausgefallen ist wie der ihres Banknachbarn. Wenn sie nun nach Hause gehen und die Eltern sagen: „Wie toll dieser Aufsatz ist, den kopieren wir gleich und schicken ihn an alle Verwandten!", dann weiß das Kind, dass dies nicht wirklich wahr ist. Es weiß: „Meine

Eltern loben mich jetzt so, weil sie mich lieben, und das ist okay! Aber ich weiß, dass dieser Aufsatz nicht gut ist."

Selbstwertgefühl hat also ein Mensch, der einen nüchternen, akzeptierenden und nuancierten Blick auf sich selbst zu werfen vermag. Und dies hat nichts damit zu tun, wie es in der Ratgeberliteratur aus Amerika heißt: „Stell dich jeden Tag vor den Spiegel und sag fünf Minuten lang: Ich bin toll!" – Nein, das ist es nicht. Das ist eher Selbsthypnose und kann niemandem wirklich helfen.

In diesem Zusammenhang sind also die Kategorien „gut/böse" irrelevant?!

Menschen sind weder gut noch böse – Menschen sind! Kinder sind weder gut noch böse – sie sind! Und ich habe weder gute noch schlechte Eltern kennen gelernt, aber ich habe viele Eltern kennen gelernt, die ihr Bestes tun, um gute Eltern zu sein. Ich meine, wir müssen das endlich begreifen: Wir sind Wesen, die sich in Beziehungen befinden.

Dazu möchte ich ein Beispiel anführen: In einem der dreijährigen Trainingsprogramme in Dänemark gibt es eine Frau, die gleich im ersten Jahr schwanger wurde und sich auch kurz danach scheiden ließ. Es blieb ihr nichts anderes übrig, als ihr sieben Monate altes Baby mitzubringen. Und für mich ist dieser kleine Junge der beste Beweis dafür, dass Kinder als soziale, auf andere bezogene Wesen zur Welt kommen. Er saß inmitten der Gruppe auf dem Boden und spielte mit allen möglichen Spielzeugen. Klar geschah es im Fünfzehn-Minuten-Takt, dass er sich mit irgendetwas wehtat. In solchen Momenten richtete er sich auf und schaute seine Mutter an: Wenn er nun beobachtete, dass seine Mutter gerade beschäftigt war – sie unterhielt sich mit jemandem oder sie dachte angestrengt nach –, dann hat er sich an den nächsten Menschen gewendet und dann weiter an den nächsten usw., bis er jemanden entdeckte, der für ihn zugänglich war, und dann ist er hingekrabbelt, derjenige hat ihn auf den Schoß genommen, der Kleine hat ein bisschen geweint und ist wieder zurück zu seinen Spielsachen. Wenn er allerdings Hunger bekam, dann schaute er seine Mutter solange an, bis sie ihn wahrnahm, denn dafür ist nur sie als Einzige geeignet. Dieser Junge hat sich besser in einer Gruppe verhalten, als die meisten Erwachsenen es tun. Warum? Weil seine Mutter Vertrauen in ihn hatte: Er kann sich sozial verhalten. Klar fühlte sie sich am Anfang etwas schuldig, ihr Kind könnte eventuell die anderen stören. Aber nachdem das in der Gruppe offen diskutiert wurde und alle einverstanden waren, dass der Kleine dabei sein darf, fühlte sie sich wohl damit. Hätte sie sich nun aber weiterhin schuldig gefühlt und gemeint, ihr Sohn würde die anderen stören, wäre es auch genauso gekommen: Es wäre ihm genauso unangenehm geworden wie seiner Mutter.

Das kann man ja in der U-Bahn sehr oft beobachten, wie sehr Kinder vom Verhalten ihrer Eltern abhängen. Haben aber Kinder nicht auch ein eigenes Temperament?

Ja, aber das tut nichts zur Sache. Es gibt Kinder, die genauso sozial sind wie dieser kleine Junge, aber sie machen mehr Krach, weil sie ein anderes Temperament haben. Bei Erwachsenen ist das doch genauso – einige nehmen an dem Gruppengeschehen teil, indem sie sehr nachdenklich sind, und geben dir erst ein Feedback, nachdem sie vier Tage lang nachgedacht haben. Andere wiederum reden, bevor sie denken, und sagen dir sofort, was sie von dir halten. Es gibt also viele Arten, sozial zu sein. Die Crux in dem Beispiel mit dem kleinen Jungen ist: Er kann sich deshalb so sozial verhalten, wie er sich verhält, weil sich seine Mutter mit so viel Vertrauen auf ihn bezieht – der Bezug der Mutter hat also eine hohe Qualität. Alles, was sie wissen muss, ist, dass sie ihrem kleinen Sohn dies am Ende jeden Tages bestätigen sollte, indem sie ihn umarmt und ihm sagt: „Ich freue mich, dass du dich in dieser Gruppe gut fühlst, denn so kann ich weiterlernen und -arbeiten!"

Aber das Kind kann sie doch nicht verstehen, wenn sie solche Sätze von sich gibt ...

Das macht nichts, er versteht ihren Ausdruck. Er muss nicht jedes einzelne Wort verstehen. Aber der Ausdruck der Mutter ist ein Feedback, das sein Selbstwertgefühl wachsen lässt. Er fühlt sich wertvoll für seine Mutter. Meist reagieren aber Mütter automatisch mit Sätzen wie: „Du bist so ein süßer, braver Junge. Mutter liebt dich so sehr!" Und damit wird er kategorisiert. Er wird in so einem Fall zwar auch sehr glücklich sein – aber für seine Mutter und nicht für sich selbst. Das ist der Unterschied!

Ja, er meint, die Mutter liebt ihn nur, weil er so brav ist.

Ja, und nicht zu kategorisieren, sondern persönlich zu sein – das gilt natürlich auch für Erwachsene, die sich in einer Liebesbeziehung befinden. Du kannst nicht mit jemandem lange Zeit zusammenleben, ohne dich zu fragen, warum möchte diese Frau mit mir leben, und manchmal musst du diese Frage auch stellen. Und hoffen, dass du nicht eine hohle Antwort erhältst wie: „Weil ich dich liebe! Weil du so wunderbar bist!" – Jeder hat das Bedürfnis, zu spüren und zu wissen, warum er für den anderen wertvoll ist. Und auch du selbst musst dir die Frage stellen: Warum ist diese Frau in meinem Leben? Bereichert sie mein Leben? Wir brauchen dies Feedback! Weil wir alle als menschliche Wesen dasselbe elementare Bedürfnis haben: von jemandem als kostbarer Wert empfunden zu werden. Auch hier kommt es also nicht darauf an – wie das in der amerikanischen Ratgeberliteratur gerne suggeriert wird –, wunderbar und phantastisch zu sein, sondern darauf, zu erfahren, dass wir wertvoll sind für die Menschen, die uns umgeben. Wenn uns dies Gefühl abhanden kommt, werden die meisten Menschen aggressiv und wütend.

Sollte ich mal Gott von Angesicht zu Angesicht sprechen dürfen, werde ich mich darüber beschweren, denn ich meine, er hat einen Fehler gemacht, als er uns erschaffen hat – nämlich: Wenn ich eine Frau liebe und irgendwann aber merke, dass ich ihr nichts mehr bedeute, dann sollte meine erste emotionale Reaktion eigentlich Traurigkeit sein. Aber dem ist nicht so: Ich werde wütend. Und was ich dann sage, ist nicht: „Ich bin so unendlich traurig, dass ich für dich so wertlos bin", sondern ich sage ihr: „Du bist nicht wertvoll!"

In Beziehungen ist es wesentlich, Zustände wie Reizbarkeit, Irritation, Frustration, Ärger, Wut ernst zu nehmen, denn sie sind die Signale, die uns mitteilen, dass einer von den Partnern sich nicht mehr wertvoll fühlt. All diese Emotionen, die die Psychologie „Aggression" nennt, sind sehr heilvoll in Beziehungen.

Aber wenn ich aggressiv bin, empfinde ich es nicht als besonders heilvoll: Ich habe dann auch immer das Gefühl, dass der andere mich nicht versteht und an mir vorbeigeht ...

Ja, wenn jemand versucht, sich auszudrücken, und sein Gegenüber versteht ihn nicht, dann fühlt derjenige sich automatisch wertlos und wird deshalb aggressiv. Aber im Grunde genommen ist es wirklich komisch, dass so etwas häufig Liebenden passiert – sie meinen, wenn der andere mich liebt, muss er mich doch verstehen. Jedoch – Lieben und Verstehen sind zwei Paar Schuhe. Er kann dich also durchaus lieben, auch wenn er dich nicht versteht. Doch schlimmer als Liebende, meine ich, sind Eltern: Sie verlieren erstaunlich schnell ihren Selbstwert.

Wie haben Sie das festgestellt?

Wenn du Eltern beobachtest, die mit ihrem Kind an der Hand spazieren gehen, und wenn nun das Kind stolpert, dann werden neun von zehn Eltern aggressiv und sagen: „Pass doch auf! Siehst du denn nicht, wohin du trittst!" Die allerwenigsten bleiben ruhig und fragen sanft: „Hast du dich verletzt?“ – Oder ein anderes Beispiel: Wenn Eltern zu den Lehrern gerufen werden, wissen sie, es gibt Probleme mit ihrem Kind – auch da reagieren Eltern sofort sehr gereizt oder sogar aggressiv. Sie fangen sofort an, an ihrem eigenen Wert zu zweifeln.

Wir verlieren sehr schnell das Wissen, wertvoll zu sein. Und das stimmt dann auch: Wir sind in dem Augenblick nicht wirklich wertvoll für unseren Partner und unser Kind, zumindest nicht so wertvoll, wie wir es gerne hätten. Und das ärgert uns, aber das gehört zu unserem Reifungsprozess dazu.

Ich möchte dies anhand des Beispiels mit den Liebenden erklären: Ich liebe eine Frau – und ich fühle das tagtäglich, ich sehne mich nach ihr, ich möchte bei ihr sein, dies Gefühl wärmt mich also sehr, aber es gibt ihr nichts, solange ich meine Liebe nicht in liebevolles Handeln verwandle. Das heißt, ich muss herausfinden, wie ich mich ihr gegenüber verhalten muss, damit sie das als ein liebevolles Handeln erfährt. Wenn ich nach Hause komme und sie ist in einer depressiven Stimmung, dann ist meine Art, ihr mitzuteilen, dass ich sie liebe, die: Ich lasse sie in Ruhe und bin einfach still. Nun ist sie aber enttäuscht, weil sie genau das Gegenteil erwartet: Ein Mann, der sie wirklich liebt, kommt nach ihrer Vorstellung auf sie zu und fragt sie, was los ist. Also weiß ich das von nun an. Und das ist unsere Aufgabe in den ersten zehn Jahren einer Partnerschaft, herauszufinden: Wie kann ich den anderen Menschen lieben, ohne das zu verlieren, was ich bin, ohne zur Marionette zu werden, aber auch so, dass der andere sich geliebt fühlt.

Dies muss der andere mir aber mitteilen, sonst kann ich es ja nicht erraten.

Ja, und er wird es mir gewiss in einem aggressiven Ton mitteilen, denn ich meine zwar, ich liebe ihn und deshalb gebe ich ihm den Raum, er hingegen übersetzt dieses mein Handeln anders: Er fühlt sich alleine gelassen und wird mich beschuldigen und mir vorwerfen, ich würde mich nicht um ihn kümmern. Es kann nun durchaus sein, dass wir uns streiten, aber dass wir dann zum Schluss mehr übereinander wissen, und dann war der Streit fruchtbar: Ich weiß von nun an, wenn der andere sich in so einer Stimmung befindet, möchte er nicht alleine gelassen werden.

Das heißt also, wir nähern uns einander und werden gleichzeitig reifer. Inwiefern läuft dies auch mit Kindern so ab?
Es ist genau derselbe Prozess. Wenn wir ein Kind bekommen, kennen wir es nicht: Wir wissen nicht, wie dies Kind liebt und wie es geliebt werden möchte. Auch Kinder müssen in einer unterschiedlichen Art geliebt werden, denn sie sind unterschiedlich. – Wenn ich also merke, dass ein Vater sein Kind verletzt hat, ihm dann aber sagt: „Ich habe dies ja nur getan, weil ich dich liebe!“, dann muss ich ihn darauf hinweisen: „An deiner Liebe ist nichts auszusetzen, ich hinterfrage sie gewiss nicht, aber ich hinterfrage dein Verhalten: Wenn du dein Kind so behandelst, läuft es immer weg, also es kann dein Verhalten nicht als Liebe erkennen. Es hat eine andere Erfahrung von dem, was Liebe ist. Du musst also versuchen, dein Verhalten so zu verändern, dass es einen Wert für deine Tochter hat, dass sie es als Liebe übersetzen kann.“ Aber dafür muss man sich nicht schuldig fühlen, woher sollen wir das auch wissen? Wir sind alle so unterschiedlich und wollen auf so verschiedene Weisen geliebt werden!

Ja, aber das Kind kommt doch nicht aus einer fremden Kultur?
Trotzdem, es hat ein ganz bestimmtes Temperament und entwickelt sich auf seine Weise. Kein Kind kommt als „tabula rasa“ zur Welt, es bringt etwas mit.

Geliebt sein und sich verändern wollen

Wie können wir herausfinden, wie unser Kind geliebt werden möchte? Wir haben ja gesehen, dass Erwachsene sich das sprachlich mitteilen können ...

Wir werden oft sehr böse auf unsere Kinder – und diese unsere Haltung drückt letztlich unsere Verzweiflung aus: Wir sind im Umgang mit unseren Kindern weniger erfolgreich, als wir es sein möchten. Aber wir können Kinder, selbst wenn sie noch sehr klein sind, um Hilfe bitten und ihnen sagen: „Schau, in den letzten drei Wochen war ich oft böse auf dich, wenn du dies und dies getan hast, und das macht mich wütend. Ich weiß nicht, was ich tun soll! Kannst du mir helfen?“ Und meist sagen dir Kinder, was los ist, auch wenn sie es weniger differenziert ausdrücken.

Einer unserer dänischen Kinderspezialisten hat mal ein Projekt mit Kindern zwischen drei und sechs Jahren durchgeführt. Sie haben dabei erfahren, dass 90% der befragten Kinder es so empfinden, dass Eltern 80% der Zeit, die sie mit ihnen verbringen, schimpfen. Die befragten Erwachsenen hingegen meinten, sie würden nur 10% der Zeit schimpfen. Was er sich nun gefragt hat, was ist mit diesen 70%, in denen sich Kinder kritisiert und nicht gesehen fühlen, Erwachsene hingegen das gar nicht merken. Und er kam zu dem Schluss, dass Erwachsene unter „schimpfen“ „den Ton erheben und böse gucken“ verstehen, während Kinder unter „schimpfen“ auch all die vielen anderen Situationen verstehen, in denen sie kategorisiert und definiert werden.

Was können wir als Erwachsene tun?

Wenn du die Kinder fragst: Was kann ich anders tun?, sagen dir die Kinder: „Nichts, hör mir einfach zu!“ Und das wiederum bedeutet: „Wenn du, Papa, wüsstest, was in meinem Kopf vorgeht, wenn ich dies oder das tue, dann würdest du mich nicht so beschimpfen, dann wüsstest du, ich hatte einen guten Grund dazu.“

Und wenn ich mit Teenagern zusammenkomme, dann sagen sie mir sehr oft: „Meine Familie hört mir nicht zu!“ Und die Eltern werden entsetzt sein und sagen: „Wie? Wir sprechen doch die ganze Zeit, was meinst du damit: Wir hören dir nicht zu?“ Eltern fühlen sich unfair behandelt, aber was ihnen das Kind mitteilt, ist sehr wertvoll: „Ihr hört zwar meine Worte, versteht aber meine Botschaft nicht! Ihr denkt nicht weiter darüber nach.“ – Was ich mit meinem Einsatz erreichen möchte, ist, in konkreten Beziehungen zu bewirken, dass liebevolle Emotionen – egal, ob in Partnerschaften, zwischen Lehrern und Schülern, Eltern und Kindern – in liebevolles Tun übersetzt werden. Und wir haben alle diese Schwierigkeit: „Ich liebe dich, wie kann ich es nun anstellen, dass du diese Liebe auch wirklich spürst?“

Ja, wir meinen, wenn wir jemanden lieben, dann kann der uns nur dankbar dafür sein ...

Wir meinen, wir hätten ein Ein- und Austritts-Ticket für die Seele des anderen: „Weil ich dich liebe, darf ich alles!“ Nein, Liebe ist kein Alibi, um alles tun zu dürfen. Und es ist in der Tat so, dass sich Menschen die furchtbarsten Dinge antun, weil sie sich lieben.

Liebe kann somit auch gefährlich sein ...

Oh ja, vor allem für Kinder, denn Kinder müssen die Art und Weise, wie sie von ihren Eltern geliebt werden, einfach akzeptieren, selbst wenn sie sich nicht geliebt fühlen.

Wenn z. B. Eltern es nur so verstehen, ihre Liebe auszudrücken, indem sie ihre Kinder mit Spielzeugen überhäufen, dann frieren die Kinder ein, aber sie spüren, dass das die Art ihrer Eltern, sie zu lieben, also können sie gar nichts anderes tun, als mehr Spielzeuge zu verlangen. Und je mehr sie bekommen und je mehr Spielzeuge in den Ecken des Kinderzimmers herumliegen, umso mehr frieren sie ein. – Auch dies ist ein wunderbares Beispiel dafür, wie feinsinnig Kinder kooperieren – sie entwickeln ihre Lebenslogik, die sie dann auch später im Leben begleiten wird.

Zum Beispiel: Deine Mutter hat dir als kleines Kind, immer wenn du schlimm warst, gesagt: „Du bist wie dein Vater." Nun bist du selber verheiratet und hast ein Kind – was sagst du ihm, wenn es schlimm ist? Genau denselben Satz, den deine Mutter zu dir gesagt hat, obwohl er dich damals immer verletzt hat. Aber das ist das, was du von ihr übernommen hast – ihre Art, dich zu lieben. Das ist das, was du dann über Liebe mitbekommen hast.

Kinder lieben uns also unvoreingenommen und akzeptieren sogar unsere Lieblosigkeiten, dabei könnten wir von ihnen lernen, dass man nichts tun muss, um geliebt zu werden – man darf einfach sein ...

Ja, die unvoreingenommene Liebe ist das, was Eltern gleich in der ersten Woche mit ihrem Neugeborenen erfahren: Das Baby liegt in seinem Bettchen, und wir meinen, so wie es ist, ist es wunderbar. Nur, kurz danach schleicht sich schon der Wurm ein, und wir meinen, unseren Nachwuchs dauernd korrigieren zu müssen. Und das ist nicht besonders schlau, denn Kinder brauchen von ihrem Eltern nichts als die elementare Mitteilung: „Du bist in Ordnung, einfach weil du bist!"

Es fällt mir zu diesem Thema eine schöne Geschichte ein: Es geht um einen amerikanischen Schauspieler, Danny Kaye, der aus einer reichen jüdischen Familie aus New York stammte und der der jüngste von mehreren Brüdern war, die alle Ärzte und Rechtsanwälte geworden sind. Dieser Danny hat die Nächte in Manhattan durchgebracht, sich in der alternativen Theaterszene umgeschaut und nichts „Vernünftiges" auf die Beine gestellt. Bei jedem großen Familientreffen zeigten sich nun alle Onkels und Opas besorgt, dass nichts aus dem Jungen würde, wenn er so weitermacht. Sein Vater hörte sich das alles an, sagte auch: „Ja, er ist furchtbar!", aber was er tatsächlich tat, war was ganz anderes: Jeden Tag, wenn er zur Arbeit ging, legte er Danny, der immer bis Mittags schlief, einen Fünfdollarschein unter das Kissen. Damit teilte er ihm mit, dass alles in Ordnung ist: Er muss seinen eigenen Weg finden! Und dies hat Dannys Leben gerettet, und später ist aus ihm ein exzellenter Schauspieler geworden.

Haben Sie so etwas auch selbst erfahren?

Ja, leider nur dreißig Sekunden lang, aber es waren entscheidende Sekunden, und ich bin dafür sehr dankbar. – Ich war damals achtzehn Jahre alt und noch Matrose, und einer meiner Onkel, zu dem ich mich gar nicht hingezogen fühlte, hatte uns alle eingeladen. Dazu hatte ich nun aber gar keine Lust, denn ich wusste genau, was ablaufen wird: Die Erwachsenen werden mich fragen, wie es mir geht, und mich dann völlig vergessen. Meine Eltern haben aber so viel Druck gemacht, dass ich schließlich mitging. Und was geschah? Genau das, was ich vorausgesehen hatte: Niemand hat sich nach den ersten zwei Minuten für mich interessiert, so dass ich nach einer halben Stunde beschlossen habe, zu gehen. Und als ich aufstand, um wegzugehen, sah plötzlich mein Vater in meine Richtung: Er fixierte mich und wusste genau, was ich vorhatte, und auch, weshalb ich aufstehe und weggehe. Er hat mich nicht aufgehalten, sondern gehen lassen und mir das Gefühl gegeben, dass er mich versteht und dass es in Ordnung ist. Ich hätte es mir gewünscht, solche stillen Botschaften viel öfters zu erhalten – vor allem als Kind, aber immerhin, es war einmal passiert, und das war viel! – Diese Art von Botschaften bestimmt die Qualität einer Beziehung zwischen Eltern und Kindern. Die Eltern können ihre Liebe zu den Kindern nicht beweisen, indem sie ihnen hundert Mal beteuern: „Wir lieben euch so sehr!" – sie müssen diese Botschaft vermitteln, indem sie sie lieben, d.h. mit ihrem Tun.

Und dies ist allem Anschein nach dem Vater von dem Schauspieler gelungen, dem Kind mitzuteilen, dass er ihn liebt ...
Ja, dass er ihn so, wie er ist, annimmt. Denn wenn er ihn hätte verändern wollen, um ihn auf den „rechten Pfad" zu bringen, dann hätte er als Vater ein Problem gehabt: Kein Kind muss so werden, wie sich das die Eltern vorstellen.

Könnten wir sagen, dass dieser Vater seinen Sohn bedingungslos geliebt hat?
Dieser Begriff „bedingungslos" gefällt mir nicht wirklich – der Vater hat seinen Sohn erkannt als das, was er ist, und hat ihm vermittelt, dass das in Ordnung ist. Klar kann man nun sagen: Der Vater stellt keine Bedingungen an seinen Sohn, also liebt er ihn bedingungslos. Aber man muss nicht unbedingt lieben, um bedingungslos zu sein – zum Beispiel, ich als Boss stelle dich ein, merke aber nach ein paar Monaten, dass du für den Job nicht wirklich geeignet bist, aber was sehr viel Anspruchsvolleres übernehmen könntest. Also, ich erkenne das und ich unterstütze dich darin, ohne dich zu lieben ...

Wenn ich nun verliebt bin, und das habe ich schon gesagt, dann ist das eine selbstsüchtige Erfahrung. Wenn ich dich aber liebe, dann geschieht das um deinetwillen. Also kurz zusammengefasst: Verliebt sein ist für mich, dich lieben ist für dich.

Ich habe mal ein Paar kennen gelernt – sie sind aufs Land gezogen und haben sich ein Haus mit einem wunderbaren Wintergarten gekauft. Die Frau konnte nun endlich ihren Wunsch erfüllen und sich Kakteen anpflanzen. Den Mann ließen ihre Kakteen ziemlich kalt. Wenn sie mit ihrem Abendessen fertig waren und ihr Sohn zu Bett gegangen war, liebte sie es, durch ihren Kakteengarten zu gehen. Jeden Tag fragte die Frau ihren Mann, ob er nicht mit ihr mitgehen möchte, er hatte aber daran kein Interesse. Und als ich ihm nun mitteilte: „Aber nicht das ist doch der Grund, weshalb du sie begleiten sollst – die Kakteen.

Der Grund ist sie selbst!" – das war etwas Neues für ihn. Dann fragte er sie, ob das denn stimmen würde. Und sie fing an zu weinen, also konnte er es sehen, dass es stimmte. Er hatte daran nie gedacht ... Nun taucht natürlich die Frage auf: Kann er ihr diese Nähe oder Liebe „bedingungslos" schenken, ohne dabei Ressentiments zu hegen? Oder ihr dann später mal vorzurechnen: Du schuldest mir etwas dafür, dass ich zehn Mal mit dir durch deinen Kakteengarten gegangen bin!

Wenn er also verbittert ist, dann hat er es nicht bedingungslos getan ...

Ja, aber das kann ganz schön schwierig sein. Zum Beispiel habe ich es auch mal mit meiner ersten Frau erfahren dürfen. Nachdem sie eine Weile arbeitslos gewesen war, hatte sie dann irgendwann plötzlich sogar zwei Halbtagsjobs – ich hatte zu allem bis dahin Okay gesagt! Aber ich wusste auch genau, wie ich dieses mein „Okay" testen konnte, ob ich es auch wirklich so erlebte: Ich wusste, wenn sie um 18 Uhr nach Hause kommen wird, wird sie todmüde sein, denn zwei Halbtagsjobs sind mehr als ein Ganztagsjob. Also werde ich für uns kochen müssen und dann ihr mitteilen, dass das Essen fertig ist. Wenn ich dies tun kann, ohne gereizt zu sein, dann werde ich wissen, dass mein Okay von damals ein wirkliches Okay war. – Und so war es schließlich auch.

Wir müssen dies also ständig testen und auf die Waagschale legen, denn „bedingungslose Liebe" klingt wunderbar, aber sie muss sich im konkreten Alltag bewähren, und das kann dann teils sehr holprig sein.

Das hat wohl auch damit zu tun, wie ich mit mir selbst umgehe, ob ich dazu neige, mir was vorzumachen, oder ob ich realistisch bin. Und natürlich hängt die Art und Weise, wie ich mit meinem Kind umgehe, letztlich davon ab, wie ich mit mir selbst umgehe.

Ja, die Art, wie du mit dir selbst umgehst, bestimmt die Art, wie du mit deinem Kind umgehst – das ist wahr, aber wir müssen zu diesem Satz gleich noch einen anderen hinzufügen: Es hängt sehr viel davon ab, wie du dich von allem Anfang an auf dein Kind beziehst, wie du mit ihm kooperierst, damit du nicht nur mit dem Kind besser umgehst, sondern auch mit dir selbst. Du lernst also von Anfang an von deinem Kind, aber das Kind wird nie dein Lehrer sein, sondern eher so etwas wie ein Barometer, das Auskunft über das Beziehungsklima gibt.

Ich gebe am besten ein Beispiel: Als mein Sohn klein war, bis zum Alter von zweieinhalb Jahren, hatten wir nur ein Zimmer. Wenn er ins Bett ging, führten wir natürlich noch so unsere Gespräche. Wenn wir miteinander in Streit gerieten, ist er immer aufgewacht und wollte bei uns sein, auf dem Schoß sitzen. Er lenkte die Aufmerksamkeit auf sich – plötzlich war er durstig, hungrig, einfach ungemütlich. Wir haben sehr bald gelernt, dass er diese Reaktion immer dann an den Tag legte, wenn wir uns destruktiv verhielten. Wenn er also aufwachte und unsere ganze Aufmerksamkeit für sich in Anspruch nahm, war für uns sofort klar: Wir müssen unsere Diskussion neu beginnen und fair miteinander streiten. Denn wenn der Streit fair war, wachte er zwar auch auf, setzte sich aber nur kurz zu uns und wollte dann wieder ins Bett gebracht werden und schlief dann auch fest ein. Es ging dabei nie um die Lautstärke, sondern immer um die Fairness. Und das konnten wir an seinem Verhalten wie an einem Barometer ablesen – es funktionierte besser als unsere Intelligenz. Wenn uns ein Erwachsener von außen gesagt hätte, ihr streitet euch destruktiv, dann hätte ich gewiss vier Tage dagegen argumentiert. Aber seine Signale waren für mich immer eindeutig.

Deshalb schreiben Sie: „Kinder gehen den Dingen auf den Grund. Sie tun das ganz unbewusst, legen aber mit unfehlbarer Sicher-

heit den Finger immer auf den Konflikt, der im Augenblick die Familie stört."[7] Und die Kinder halten „den Schlüssel für eine gesündere Familiengemeinschaft in der Hand ..."[8] Kinder sind also wegweisend?

Ja, Kinder reagieren immer, wenn sich Situationen in ihrer Umgebung emotional aufladen – egal, ob du nun in einer Wohnung mit dicken Wänden und fünf Zimmern wohnst, denn es hat alles nichts mit der Lautstärke zu tun, sondern mit der Intensität.

Ich weiß nicht, ob sie verstehen, was vorgeht, aber sie reagieren so, als würden sie das Geschehen verstehen. Ähnlich habe ich es bei Hunden beobachtet: Du kommst in eine fünfköpfige Familie, die einen Hund hat. Du kannst sicher sein, dass der Hund sich neben das Familienmitglied legen wird, das an diesem Tag am unglücklichsten ist. Und Kinder tun dasselbe ...

Also können Sie gar nicht anders, als Kinder in ihren Reaktionen wirklich ernst zu nehmen.

Ja, deshalb ist es für mich so wesentlich, dass die Kinder in der therapeutischen Sitzung dabei sind: Sie müssen auch mitbekommen, warum sich plötzlich die Dynamiken in der Familie ändern, sonst bekommen sie nur hie und da einige Fragmente mit. Sie müssen es auch nachvollziehen können, weshalb es in einem Augenblick so furchtbar ist in ihrer Familie, in einem anderen wiederum nicht. Und was für mich auch noch wichtig ist: Ich bekomme von den Kindern ein sofortiges Feedback.

Wenn ich mit einer Familie herausgefunden habe, was nicht gut läuft, und ich auch fähig bin, ihnen dies verständlich zu machen, dann passiert Folgendes: Kleine Kinder schlafen ein, obwohl sie bereits zu Hause geschlafen hatten und vor ein paar Minuten das Geschehen sehr aufmerksam verfolgt haben, und ältere Kinder werden ungeduldig und wollen nach Hause gehen –

7 Aus: „Das kompetente Kind", Rowohlt Verlag 2003, S. 48.
8 Aus: „Das kompetente Kind", Rowohlt Verlag 2003, S. 53.

nach dem Motto: „Nun wisst ihr, liebe Eltern, woran's liegt, lasst uns nach Hause gehen!"

Aber das ist bestimmt für Erwachsene ein großer Schritt in Richtung Offenheit – Kinder dabei zu haben, wenn man über die Probleme der Erwachsenen spricht ...

Wenn es einen privaten Konflikt zwischen den Eltern gibt, ist es natürlich nicht unbedingt nötig, dass Kinder dabei sind. Wenn aber die Kinder involviert sind, dann sollten sie dabei sein. Zum Beispiel bei sexuellen oder finanziellen Problemen müssen Kinder nicht dabei sein. Aber wenn sich die Eltern über die Erziehung der Kinder streiten, dann sollten sie dabei sein.

Sie betonen oft, dass Kinder von großer Bedeutung für die Eltern sind, wenn sie Schwierigkeiten bereiten – wieso? Denn dies widerspricht dem, was Mütter empfinden: Die erzählen meist ganz stolz, welch brave, pflegeleichte Kinder sie hätten.

Nun, ich habe nichts gegen brave Kinder sagen wollen. Das ist wunderbar, aber wenn sie dann sehr schwierig werden, sollte man dies Signal durchaus beachten, denn es verbirgt meist eine wichtige Mitteilung, die die ganze Familie betrifft. Klar ist es schön, seine Kinder vollauf zu genießen, wenn sie glücklich sind, aber wenn sie unbequem werden, dann solltest du dir als Mutter darüber Gedanken machen: Was will uns unsere Tochter mitteilen? Was fühlt sie in unserer Familie, was wir gar nicht merken?

Es gibt Kinder, die von Geburt an schwierig sind, weil sie mit einer Behinderung zur Welt kommen. Wie kann man damit als Erwachsener überhaupt umgehen?

Als Vater oder Mutter eines behinderten Kindes hast du nur eine einzige Wahl: Willst du dich bis ans Ende deiner Tage als Opfer dieses Zustands fühlen? Oder versuchst du, mit dieser Situation fertig zu werden, indem du sie in dein Leben so integrierst, dass sie dich bereichert? Das kannst du nun selber in die Hand nehmen! – Und dasselbe gilt für jede existentielle Wahl: Worauf richte ich mein Augenmerk? Was bringt mich im Leben wirklich einen Schritt weiter, damit ich nicht immer wieder in ausweglos scheinende Situationen gerate. Und je älter wir werden, umso entscheidender wird diese Frage.

Was bedeutet dies nun in Bezug auf Kinder?
Es bedeutet, dass wir die Bereitschaft in uns entwickeln müssen, uns als Erwachsene zu verändern – immer wieder und immer aufs Neue! Natürlich wünschen wir uns zufriedene, glückliche, kooperierende Kinder, aber wenn sie es plötzlich nicht mehr sind, dann sollten wir uns stets vor Augen halten, dass wir ihnen und uns allen nur dann helfen können, wenn wir bereit sind, an uns zu arbeiten. Es gilt also nicht, nur die plötzlich „defekte" Tochter zu „reparieren", weil sie nicht mehr so „funktioniert", wie wir es uns vorstellen, sondern es gilt, uns alle in der Familie und in unseren Beziehungen zueinander anzuschauen. Nur so kann sich tatsächlich was verändern.

Es scheint ganz entscheidend zu sein, dass Eltern zu solch einer Selbstreflexion bereit sind?
Es gibt keine größere Herausforderung im Leben, als über sich selbst zu reflektieren – und für die Eltern können die Kinder der Anstoß für diesen Prozess sein. Um dies zu bekräftigen, erzähle ich ein Fallbeispiel: Ich habe mal mit einer Frau gearbeitet, einer allein erziehenden Mutter. Ihr Sohn hatte schon mit 15 Jahren angefangen, Marihuana zu rauchen und zu stehlen. Sie gehörte zu jenen Müttern, die zu sehr Mutter sein wollen und sich dann aber dauernd beklagen, dass ihre Männer nicht erwachsen werden und damit auch ihre Söhne behindern, erwachsen zu werden. Wir haben mit etwas Einfachem angefangen, um allmählich eine Veränderung ihrer Situation zu bewirken. Sie gab ihrem

Sohn jeden Tag etwas Geld, damit er sich ein Brötchen kauft oder Benzin für sein Moped. Er aber verwendete das Geld, um sich Marihuana oder Zigaretten zu besorgen. Also stellte ich ihr die simple Frage: „Ist dies dein Geld oder seines?" – „Seines!" – „Bist du dir sicher?" – „Ja!" – „Aber du sprichst darüber so, als wäre es noch immer dein Geld." – „Ja, aber es ist nicht für Marihuana gedacht!" – „Das müssen wir aber klarstellen: Wenn es dein Geld ist, dann hast du die Macht und kannst ihm sagen, wenn du ihm das Geld gibst: Dies ist mein Geld, und es wandert nun in deinen Geldbeutel, aber es ist noch immer mein Geld, und ich möchte darüber entscheiden, wie du es ausgibst! Wenn du es ihm aber gibst, und es ist seins, dann kann er entscheiden, was er damit macht." Das war für sie sehr schwierig – und es war nur der Anfang!

Nun muss ich aber weiter ausholen und kurz etwas über die Vergangenheit dieser Frau erzählen: Sie war in ihrer Familie das vierte Kind – sie hatte also noch drei ältere Brüder – und ihr Vater sowie ihre Mutter waren alkoholsüchtig. Schon als kleines Mädchen hat sie also die Verantwortung für die ganze Familie übernommen und hat dann als Jugendliche den ganzen Haushalt geschmissen. Sie hat dann später ebenfalls einen Alkoholiker geheiratet, der auch noch zusätzlich gewalttätig war, aber es gelang ihr, trotz aller widrigen Umstände ihre Ausbildung zur Buchhalterin zu beenden. Sie ließ sich scheiden und ist nach zwei Jahren an einen verwitweten Mann geraten, der zusammen mit seinen Eltern auf einer Farm lebte. Er hatte auch zwei Töchter, die eine neun, die andere elf Jahre alt. Sie zog mit ihrem Sohn bei ihm ein und entwickelte auch eine gute Beziehung zu seinen Töchtern, nur stellte sie fest, dass der Mann zwar freundlich, aber sehr faul war. Also gerät sie wieder in dieselbe Situation – sie war drei Jahre lang wieder für alles verantwortlich und arbeitete jeden Tag bis zum Umfallen. Psychologisch ausgedrückt, heißt dies: Sie kennt ihre Grenzen nicht und nimmt sich selbst nicht ernst. Sie kann ihre Bedürfnisse nicht mitteilen, und die der anderen sind immer wichtiger als ihre eigenen.

Der Mann wollte sie zwar heiraten, aber sie tat es nicht, obwohl sie nicht wusste, weshalb sie dagegen war. Als nun ihr Sohn abstürzte, beschimpfte er den Sohn die ganze Zeit, so dass sie ihre Sachen packte und mit ihrem Sohn auszog.

Ich habe nun dieser Frau mit dieser Vergangenheit Folgendes gesagt: „Ich möchte nicht über deinen Sohn sprechen, ich möchte über dich sprechen. Du hast Recht, dein Sohn ist selbstdestruktiv, er zerstört sich allmählich selbst, vielleicht stirbt er sogar, aber genau dasselbe machst du auch – du zerstörst dich, und er hält dir den Spiegel vor!“ Und als diese Frau sozusagen über dem Berg war, war es auch ihr Sohn – es hat zwar drei Jahre gedauert, aber heute ist er nicht mehr drogenabhängig und selbstdestruktiv, weil eben auch seine Mutter anders mit sich selbst umgeht. Sie hat sich verändert und er in der Folge auch!

Es kommt ja auch häufig vor, dass Kinder in der Schule oder im Kindergarten schwierig sind, zu Hause aber nicht – wie kommt das?
Wenn ein Kind in der Schule schwierig wird und die Eltern bezeugen, dass sie nie Probleme mit ihm zu Hause haben, dann heißt das, dass das Kind sich in der Schule sicherer fühlt als zu Hause, dass es vielleicht in einer Familie lebt, in der kaum gesprochen wird, in der keiner Zeit hat, herauszufinden, was los ist. Und wenn das Kind unglücklich ist, aber kein „Nein, so will ich nicht, dass unsere Familie zusammenlebt!“ aussprechen darf – und Kinder können so etwas nicht verbalisieren –, dann muss es dies anders ausdrücken, und das tut es mit seinem ganzen Verhalten. Dass es sich dies nun in der Schule erlaubt, heißt in der Tat, dass es merkt: Nur dort kann es sich so etwas herausnehmen. Denn auch für die Schule gilt dasselbe wie für die Familie: Kinder wollen nicht absichtlich schwierig sein – wenn sie es werden, wollen sie uns damit etwas ganz anderes mitteilen. Dies

kann man sehr gut bei Pflegefamilien beobachten: Wenn Kinder ganz frisch in einer neuen Familie sind, versuchen sie, möglichst unkompliziert zu sein, erst später, wenn sie dann vertraut sind mit allem, erlauben sie es sich, mit ihren Problemen zu kommen. – Und so ist es auch in Partnerschaften: Wenn einer der beiden ein sehr schwieriges Leben hatte – dramatische oder sogar traumatische Erlebnisse – dann erlaubt er sich, wenn er auf den richtigen Lebenspartner stößt, depressiv zu sein. Nun kann er endlich seinem Schmerz freien Lauf lassen, denn er spürt, der Partner hält dies aus. Das ist im Grunde ein stilles Kompliment für den Letzteren.

Wie drücken es Kinder aus, dass sie sich eine Veränderung in ihrer Familie wünschen?

Da fällt mir ein wunderbares Beispiel ein – nämlich Thomas, ein fünfeinhalbjähriges Kind aus einer ganz typischen postmodernen Familie, die Mutter arbeitet im Bereich Marketing, sein Stiefvater ist Fotograf. Thomas ist in eine Ehe hineingeboren, die furchtbar chaotisch war. Als er ein Jahr alt war, haben sich die Eltern schließlich getrennt, aber es doch geschafft, eine sehr gute Freundschaft aufrechtzuerhalten, so dass der kleine Thomas seinen Vater sehr oft sehen durfte. Ein Jahr später verliebt sich die Mutter in einen anderen Mann – und zwar in diesen Fotografen. Nach sechs Monaten zog also die Mutter mit ihrem kleinen Sohn wieder um, was aber kein Problem zu sein schien, weil sich Thomas sehr gut mit seinem Stiefvater, dem Fotografen, verstand. Auch zwischen Stiefvater und biologischem Vater entwickelte sich eine gute Beziehung – also alles bestens! Nach einem Jahr wird die Mutter wieder schwanger, sie bekommen ein kleines Mädchen. Thomas freut sich darüber sehr und kümmert sich auch sehr um die kleine Schwester. Nun beschlossen die Eltern, umzuziehen, weil der Platz doch noch zu eng wurde, so dass der Fünfeinhalbjährige in fünf Jahren fünf Mal umgezogen ist.

Als ich ihn kennen lernte, ging er wieder mal in einen neuen Kindergarten, aber das schien für ihn kein Problem zu sein, denn er ist ein sehr freundlicher, intelligenter Junge, der sich sehr rasch anpasst, wenn er plötzlich in einem neuen Umfeld ist, und sehr leicht die Spielregeln herausfindet – also er ist durch und durch sozial! Plötzlich fing er an, ein Verhalten an Tag zu legen, das für seine Eltern ein Geheimnis war: Die Eltern forderten von ihm etwas ganz Banales, wie: „Geh und putz dir die Zähne!" Er tat dies auch fast immer, aber manchmal geriet er in Rage und sagte: „Nein, ich will nicht!" Und wie in Trance wiederholte er diesen Satz und hatte dabei einen starren Blick. Die Eltern waren nicht allzu sehr in Sorge, aber sie wollten gerne verstehen, was da eigentlich vorging. Sie fragten deshalb auch die Erzieherinnen im Kindergarten, aber die hatten dies Verhalten im Kindergarten nicht beobachtet. Nun hatten beide Elternteile jeweils eine andere Theorie: Die Mutter hatte einige Bücher gelesen und meinte, Thomas würde mit diesem Verhalten eine verspätete Reaktion darauf zeigen, dass er eine Schwester bekommen hatte. Der Vater hatte nichts gelesen, hatte aber sein eigene Theorie entwickelt und meinte, der Sohn bräuchte mehr körperlichen Kontakt, aber während er mir dies erzählte, räumte er schmunzelnd ein, dass es auch sein kann, dass er von sich auf Thomas schließt. Beide waren aber sehr entspannt und haben dies Problem nicht aufgebauscht. Nach einigen Monaten passierte es nun auch im Kindergarten: Thomas wird gebeten, sein Tablett hinauszutragen, und er will nicht und wiederholte penetrant: „Nein, ich will nicht!" Die Erzieherin bittet die Eltern zu sich, die kamen auch sehr gerne, weil sie noch mal darüber sprechen konnten – sie hörten sich nun auch die „Theorie" der Erzieherin an, Thomas könne nicht „funktionieren", wenn man was von ihm fordere. Die Eltern dachten darüber nach, aber diese Erklärung passte nicht wirklich, denn Zähneputzen ist keine Forderung, sondern was ganz Banales.

So landeten sie also bei mir – vielmehr habe ich sie zu Hause besucht. Nun saßen wir da, Mutter und Vater auf einem Sofa, ich und Thomas auf Stühlen. Nachdem ich ihre Geschichte kannte, weil sie mir der Vater kurz geschildert hatte, hatte ich also auch eine „Theorie" und schlug ein Spiel vor. Ich sagte den Eltern: „Stellt euch vor, es würde sich hier nicht um ein fünfeinhalb Jahre altes Kind handeln, sondern um eine 45-jährige Frau, die seit zwei Monaten Erzieherin in einem neuen Kindergarten ist, und diese Frau sitzt nun mit zwei anderen Kollegen zusammen und teilt ihnen mit, dass sie sehr schnell die Geduld verliert und die Kinder anfaucht ... Die Kollegen setzen nun ihre semi-professionellen empathischen Gesichter auf und fangen an, ihr Fragen zu stellen. Sie erzählt ihnen, dass sie in den letzten fünf Jahren viel erlebt hat: Sie war verheiratet, hat sich scheiden lassen, dann hat sie wieder geheiratet, vier Mal den Job gewechselt, fünf Mal umgezogen usw. Und klar wissen wir, welches die Reaktion ihrer Kollegen sein wird – sie werden ihr sagen, dass sie besser auf sich aufpassen und Dinge tun sollte, die ihr Energie geben. Niemand wird ihr suggerieren, noch einen Extra-Job anzunehmen oder noch mal umzuziehen. Aber komischerweise verhalten wir uns Kindern gegenüber nicht so!" – Als ich diese Geschichte erzählt hatte, wussten die beiden auf dem Sofa, was ich ihnen mitteilen wollte. Sie saßen mit geschlossenen Augen da, und Tränen kullerten die Wangen hinunter. Und Thomas, ich weiß nicht, ob er all das intellektuell mitbekommen hat, aber irgendwie hat er es genossen. Als nun die Mutter die Augen öffnete, wollte sie natürlich wissen, was sie und ihr Mann tun könnten, um ihm zu helfen. Und ich sagte ihr: „Ich weiß, dass das Schlimmste für eine Mutter ist, was ich jetzt sagen werde, aber ich kann es nicht anders sagen: Thomas braucht keine Hilfe. Ihr habt ihm bereits geholfen, indem ihr das Signal, das er gesendet hat, ernst genommen habt. Also – das, was zu tun war, ist schon geschehen." Sie hat es zwar verstanden, war aber mit meiner

Antwort nicht ganz zufrieden. Dann sprang ihr der Mann zu Hilfe: „Es muss doch etwas geben, was wir tun können!" – „Okay, ich werde mir etwas einfallen lassen, aber ihr müsst wissen, dass ich dies für euch tue, damit ihr euch gut fühlt, und nicht, weil Thomas das braucht." Ich wusste, dass Thomas bald Geburtstag hatte, und ich fragte ihn, was er sich wünschte. Und er nannte ein Spielzeug. So schlug ich den Eltern vor: „Kauft ihm dies Spielzeug, macht eine kleine Feier, legt ihm sein Geschenk auf seinen Platz. Und dann steht ihr auf und gebt einen Trinkspruch aus: Wir wollen dir danken, Thomas! Wir wissen, dass das Leben in dieser Familie mit viel Stress verbunden war, aber du warst der Erste, der „Nein" gesagt hat, und dafür wollen wir dir danken!" Damit waren nun die Eltern sehr zufrieden. Thomas saß auch noch immer da, er hatte eine Embryo-Haltung eingenommen und weinte still vor sich hin – das war ein sehr entspanntes Weinen, und man konnte regelrecht beobachten, wie die Spannung seinen Körper verlässt, dann hat er sich die Augen gewischt und gelacht, so dass jeder sehen konnte: Es war nun alles wieder gut.

Dieser Junge hat sich seither nicht mehr so verhalten. Er hatte aber auch das große Glück, von verantwortlichen Erwachsenen, in die er Vertrauen haben konnte, umgeben zu sein. Er braucht also keine Eltern, die sich verändern müssen, so wie er auch diese Geburtstagsparty nicht wirklich braucht, aber es gibt Hunderte von Fällen, in denen sich die Eltern tatsächlich verändern müssen, damit sich das Verhalten des Kindes ändern kann.

Bei unserem heutigen postmodernen Lifestyle überfordern wir Kinder, das ist klar, worauf müssen wir also achten?

Dass wir nicht zu viel auf einmal wollen – wir wollen gut verdienen, Karriere machen, ein Haus bauen, ein Auto kaufen, dann aber auch noch ein Ferienhaus planen usw. Das alles muss aber nicht zum selben Zeitpunkt passieren. Kinder kommen eine

Weile mit einem bewegten Leben gut zurecht, aber irgendwann reicht es ihnen. Dies teilen sie nicht mit, indem sie sich mit den Eltern an den Tisch setzen und diskutieren: „Ich habe euren Lifestyle fünf Jahre lang mitgemacht, jetzt reicht es mir, könntet ihr euch bitte verändern!" Kinder drücken ihr Unbehagen durch ihr Verhalten aus.

In der Familie von Thomas haben die Eltern sehr davon profitiert, dass der kleine Junge sie darauf hingewiesen hat, dass es reicht, dass sie Gefahr laufen, sogar ihre Beziehung als Mann und Frau aufs Spiel zu setzen, wenn sie in diesem Tempo weitermachen. Denn das passiert heute sehr oft: Mann und Frau sagen irgendwann „Nein" zueinander, weil sie vor lauter Zukunftsplänen ihre Beziehung vernachlässigt haben. So hat ihnen der kleine Junge einen Dienst erwiesen – sie können sich zurücklehnen und überlegen: „Klar, wir haben noch Pläne, aber wir können sie verschieben. Lasst uns die nächsten vier Jahre in Ruhe verbringen, bevor wir uns ein Sommerhaus anschaffen oder eine Weltreise organisieren." Thomas hat also diesen Eltern ein großes Geschenk gemacht – dies sollte wertgeschätzt werden. Wenn die Eltern dies tun, werden die Symptome des Jungen von alleine verschwinden. Es muss also nichts Spezielles unternommen werden.

Auch in diesem Beispiel mit Thomas haben Erwachsene mit einem Kind so gesprochen, als sei es ein Erwachsener – ist das nicht zu viel für ein Kind?

Ich weiß nicht, ob mich Thomas verstandesmäßig verstanden hat, aber er hat die Musik unseres Gesprächs mitbekommen, und das ist viel wichtiger. Er sitzt zusammen mit seinen Eltern da in dem Bewusstsein, dass nicht er das Problem darstellt, sondern dass da etwas „Therapeutisches", also etwas Nährendes für die ganze Familie geschieht. Wenn er nicht da gewesen wäre, dann hätte er nichts davon mitbekommen, und er hätte auch die Reaktionen der Eltern danach nicht einordnen können, und das Schlimmste: Er wäre zu einem Objekt reduziert worden, über das die Erwachsenen bestimmen und das dann von ihnen mit Hilfe von Strategien und Taktiken in die erwünschte Richtung manipuliert wird. Es ist schockierend, wie kurz die Zeitspanne ist zwischen dem Moment, in dem wir merken, dass ein Kind Probleme *hat*, bis zu dem Moment, in dem wir entscheiden, dass das Kind ein Problem *ist*.

Negative Gefühle und Auseinandersetzungen

In vielen Lebenssituationen tun Eltern alles, um friedlich zu sein, damit die Kinder in einem harmonischen Zuhause aufwachsen können. Andererseits ist es sicher nicht angebracht, vor Kindern Konflikte zu vermeiden, negative Gefühle zu verdrängen, ihnen also eine heile Welt vorzumachen?

Wir haben bereits über Aggressionen gesprochen – und ich möchte noch mal betonen, dass für mich Aggressionen keine negativen Gefühle sind. Ich weiß nicht, wie es kam, dass sie zu negativen Gefühlen gemacht worden sind: Sie sind Signale, die zeigen, dass etwas los ist – was würden wir ohne sie tun?

Viele Eltern sind sehr darauf bedacht, Konflikte und Auseinandersetzungen zwischen den Kindern zu unterbinden, auch im Kindergarten werden oft Regeln aufgestellt, die es den Kindern verbieten sollen, sich zu balgen oder sich zu streiten. Ich meine, dass in den Familien, im Kindergarten, aber auch in vielen Therapien und alternativen Richtungen wie der Öko-Szene nur weibliche Werte den Sieg davongetragen haben, wogegen nichts einzuwenden ist, aber sie lassen den Männern und Jungs zu wenig Entfaltungsraum. Und es ist keine gute Idee, Aggressionen zu unterbinden, denn das ist so, als würdest du den Zigarettenqualm verbergen wollen, damit das Leuchtsignal nicht anspringt. Mit anderen Worten: Du versuchst, ein Symptom loszuwerden, statt zu fragen, was sich dahinter verbirgt.

Die meisten Kinder – egal, ob zu Hause, im Kindergarten oder in der Schule – sind tatsächlich fähig, ihre Konflikte selbstständig zu bewältigen, sie brauchen die Supervision der Erwachsenen wirklich nicht. Die Idee der Erwachsenen, alle Konflikte in einer vernünftigen Weise zu klären, ist zwar nett, aber unrealistisch. Du kannst das als Erwachsener wünschen, dass deine Kinder, wenn sie 20 Jahre alt sind, ihre Probleme ausdrücken und mit ihnen umgehen können, das kann ein lobenswertes pädagogisches Ziel für deine Arbeit sein. Aber wenn du das von fünf- oder sechsjährigen Kindern verlangst, ist das schlichtweg unmöglich.

Und noch etwas Wichtiges: Alle Konflikte, die im Leben von Bedeutung sind, werden in einem aggressiven Ton hervorgebracht. Unseren Ärger, unseren Frust, unsere Wut müssen wir zunächst ausdrücken, um sie dann verwandeln zu können – wir brauchen diese Emotionen genauso, wie wir das Glück und die Zufriedenheit brauchen, um die Realität zu verdauen. In jeder Liebesbeziehung kann man das beobachten: Ein Paar kann erst dann vernünftig über einen Konflikt sprechen, nachdem es diesen Konflikt mehrere Male in einer völlig irrationalen Weise ausgelebt hat.

Wieso sprechen Sie aber von „weiblichen Werten", die sich durchgesetzt zu haben scheinen?

Was viele Frauen heute tun, ist etwas, was früher getan wurde, um ihre Urgroßmütter und Großmütter klein zu halten – und sie merken es gar nicht. Die erste psychiatrische Diagnose war die Hysterie: Frauen, die als hysterisch abgestempelt wurden, waren Frauen, in denen so viele Emotionen mit einem Mal aufkamen, dass sie vor lauter innerem Druck überreagierten – sie galten sofort als Hysterikerinnen, also als nicht mehr weiter ernst zu nehmende Personen. So wurden Frauen und Töchter von ihren Ehemännern und Väter über Jahrzehnte klein gehalten: „Wenn wir darüber nicht ruhig sprechen können, dann hat es keinen Sinn, sich zu unterhalten!" – Und was machen Frauen heute? Sie halten genau diese Werte, mit denen sie auf eine subtile Weise unterdrückt worden sind, hoch – man möge sich friedlich und ruhig und sanft mit ihnen unterhalten. Sie erwarten dies von ihren Männern, Kindern und Enkelkindern – und das ist für mich schockierend!

Ein norwegischer Regisseur hatte mal eine wunderbare Idee für einen Dokumentarfilm. Er zog durch die Lande, um Kinder zu befragen – seine Frage lautete: Wie erleben Kinder Machtausübung von Seiten der Erwachsenen? Ich wurde danach von ihm gebeten, mir diese Interviews anzuschauen und sie zu kommentieren. Ich erinnere mich an eine Antwort eines fünf Jahre alten Mädchens. Auf die Frage: „Was ist das Schlimmste für dich, was Erwachsene im Kindergarten beschließen?", antwortete sie, nachdem sie eine ganze Weile nachgedacht hatte: „Das Schlimmste ist, dass sie uns nicht erlauben, sauer zu sein." Und dies hat den Interviewer sehr erstaunt, so dass er nachhakte: „Aber ist das wirklich wahr, ist es nicht erlaubt, dass du sauer bist?" Das Mädchen dachte wieder lange nach: „Ja. Aber wenn ich einen Grund habe, möchte ich sauer sein!" Der Interviewer meinte, sie sei nun fertig, aber der Kameramann schwenkte die Kamera nicht weg, denn er hatte wohl den Eindruck, dass sie noch etwas sagen möchte. Und nach dreizehn Sekunden, was für ein Video sehr lang ist, fügte sie tatsächlich noch etwas Entscheidendes hinzu: „Und die Erwachsenen entscheiden darüber, ob mein Grund gut ist oder nicht."

Was geschieht, wenn du als Erwachsener Kindern verbietest, aggressiv zu sein?

Die Kinder werden eine Zeitlang mit dir kooperieren, aber wenn sie dann sechzehn Jahre alt sind, ist es vorbei, dann explodieren sie. Diese weibliche Attitüde, nicht aggressiv reagieren zu wollen, kann also verheerende Konsequenzen haben. Das heißt, wir müssen sie gerade heute ausbalancieren, indem wir Kindern ganz bewusst Raum geben, ihre Konflikte selber auszutragen. Denn früher, in meiner Generation beispielsweise, gab es die Möglichkeit, einige Stunden im Wald oder auf der Straße mit den Nachbarkindern zu verbringen, ohne dass Erwachsene dabei waren. Es gab niemanden, der uns überwachte, wir mussten uns also unter uns arrangieren, Hierarchien bestimmen, die Probleme lösen – und ich meine, wir haben das ganz gut gemeistert, selbst wenn es manchmal ein blaues Auge gab. Aber auch das ist im Leben notwendig.

Wann sollten Eltern aber doch eingreifen?

Sie sollten in einen Konflikt zwischen den Geschwistern eingreifen, wenn es so aussieht, dass der Jüngere physisch gefährdet ist, wenn also beispielsweise der Ältere mit dem Hammer auf ihn losgeht.

Ich sage also gewiss nicht, dass sich Erwachsene nicht um ihre Kinder kümmern sollen. Was ich Erwachsenen mitteilen möchte, ist lediglich: Macht eure Kinder nicht schlecht, weil sie Aggressionen haben! Denn das ist es, was sie unter anderem von euch lernen müssen, wie sie damit umgehen können.

Wie sieht das konkret aus?

Du kannst zum Beispiel einem kleinen Jungen, der auf seine kleine Schwester wütend ist, nicht böse sein. Er ist seit drei Stunden mit seinen Legosteinen beschäftigt und baut ganz konzentriert einen tollen, hohen Turm. Seine kleine Schwester steht seit fünfzehn Minuten neben ihm und schaut ihm neugierig zu. Sie will plötzlich auch mitmachen, wirft aber dabei den ganzen

Turm um. Natürlich ist der kleine Junge stinksauer, warum auch nicht? Seine dreistündige Arbeit war umsonst – sie hat alles zunichte gemacht. All das, was er gemacht hat, hat nun keinen Wert mehr, klar ist er nun aggressiv. Was ihm die Eltern in so einer Situation sagen, ist meist Folgendes: „Du musst deine kleine Schwester verstehen. Sie wollte ja nichts Böses anrichten!" Aber das ist kein guter Einfall. Es wäre besser, ihm mitzuteilen: „Ich kann es verstehen, dass du böse bist auf sie – das war ja auch ein wunderschöner Turm. Aber bring sie nun deswegen nicht gleich um. Wir beide müssen uns darüber unterhalten, wie du dich in solchen Fällen vor deiner Schwester schützen kannst und wie ich dir dabei helfen kann. Sie wollte deinen Turm bestimmt nicht zerstören, aber das ist halt passiert!" Das wäre eine fruchtbare Intervention, der kleine Junge erfährt, dass er wie wir alle lernen muss, seine Grenzen zu verteidigen. Aber sich vor ihn hinzustellen und ihm zu sagen: „Du bist ein großer, vernünftiger Junge und musst deine kleine Schwester verstehen!" – das ist unproduktiv!

Ich muss gestehen, dass ich dem Jungen wohl genau diesen Blödsinn gesagt hätte ...

Woran sich Erwachsene immer wieder erinnern sollten, ist, dass Kinder nicht von dem klüger werden, was du ihnen sagst. Du kannst sie belehren, so viel du willst, es wird sie nicht besonders tief berühren oder beeindrucken – vielleicht folgen sie dir sogar aufs Wort, aber sie sind trotzdem innerlich nicht davon überzeugt. Überzeugen kannst du sie nur durch dein Handeln. Sie lernen mehr von dir, indem sie dich beobachten. – Wenn du zum Beispiel deine Frühlingsblumen gerade gepflanzt hast und dein Mann wenige Minuten später mit dem Rasenmäher kommt und darüber hinweg fährt, dann hoffe ich, dass du böse wirst. Du musst durch diese Frustration hindurchgehen, und du kannst das gar nicht anders als laut machen, sonst würdest du von dir selbst erwarten, ein Übermensch zu sein. Wie solltest du ihn, wo er gerade deine Blumen niedergewalzt hat, lächelnd anschauen und mit viel Liebe in deinen Augen zu ihm sagen: „Ich verzeihe dir!" – Niemand ist so, es sei denn Großeltern, die bringen dieses Kunststück ab und zu fertig, ruhig und gelassen zu bleiben. Aber auch nur, weil sie ein ganzes Leben hinter sich gebracht haben, in dem sie gelernt haben, mit Aggressionen, Konflikten, Auseinandersetzungen umzugehen. Sie haben dafür achtzig Jahre gebraucht, also kannst du nicht erwarten, dass ein achtjähriger Junge diese Weisheit hat. Er muss seinen Weg selber durch all das hindurch finden.

Als Erwachsene meinen wir immer, den Kindern ein gewisses Leid ersparen zu können, wenn wir sie über die Folgen eines bestimmten Handelns unterrichten.

Sie müssen ihre eigenen Erfahrungen machen. Wenn du zum Beispiel eine achtzehnjährige Tochter hast und sie hat sich in einen fünfundzwanzigjährigen Mann unsterblich verliebt, und du versuchst ihr nun klar zu machen, dass dieser Mann nicht zu ihr passt, das haut nie und nimmer hin – im Gegenteil: Je mehr du betonst, wie unpassend das alles ist, umso mehr wird sie sich zu ihm hingezogen fühlen. Denn sie selbst muss ihre Schlussfolgerung aus dieser Begegnung ziehen, nicht du für sie. – Und wir wissen das auch alle: Es ist schrecklich, aber es ist wahr, jeder muss das Leben leben, um es zu verstehen. Aber was Eltern und Erzieher noch immer versuchen, ist, die Kinder vor dem Leben zu schützen: Die armen Kinder sollen sich nicht verletzen, nicht traurig sein … Was sie dabei tun, ist, sie schaffen ein künstliches Paradies für die Kinder, was dann die Kinder letztlich unglücklich macht, weil sie dabei lebensunfähig werden.

Was geschieht mit solchen Kindern, die unter der Glashaube aufgewachsen sind?

Das, dass sie mit zwanzig Jahren völlig unvorbereitet ins Leben tappen und beim ersten Streit mit dem Partner zutiefst enttäuscht sind und die Flinte sofort ins Korn werfen. Es ist alles viel zu viel für sie. – Menschen vor dem Leben zu schützen, ist die schlimmste „Fürsorge“, die man ihnen zuteil werden lassen kann. Und es gibt diese Eltern, die ihre Kinder hermetisch von der Welt abschotten und ständig ihren Kindern vorauseilen, um diesen den Weg zum Ziel zu glätten. Sie mischen sich auch dauernd in die Angelegenheiten ihrer Kinder ein – und merken nicht, wie sehr sie sich tyrannisch verhalten, aber es ist in ihren Augen eine liebevolle Geste – ja es nichts anderes als eine süße Tyrannei. Ich nenne dies Phänomen eine Zuckerdiktatur: „Ich als dein Vater setze mich durch, immer mit einem Lächeln auf den Lippen und in einer sanften Stimmung. Ich tue alles nur, weil ich dich so sehr liebe!“ Mit diesem Verhalten tun wir den Kindern keinen Gefallen.

In welchen Situationen sollten Kinder doch lieber abwesend sein, wenn Eltern sich streiten?

Die Generation meiner Eltern war der festen Überzeugung, es sei schlecht, sich vor den Kindern zu streiten, denn Eltern wollten ja den Kindern gegenüber eine gemeinsame Front bilden, und die sollte keine Risse – also Meinungsverschiedenheiten – aufweisen. Erziehung wurde als Machtkampf verstanden, aus dem die Eltern immer siegreich hervorgehen sollten.

Meiner Meinung nach müssen Kinder nicht unbedingt dabei sein, wenn Mann und Frau sich über ganz persönliche Dinge streiten, aber es schadet den Kinder gewiss nicht, Zeuge eines Streites zu sein: Sie machen die Erfahrung: Es gibt in unserer Familie zu einem ganz bestimmten Thema unterschiedliche Positionen, die werden offen ausgetragen, und es wird versucht, eine Lösung zu finden. Man kann, vor allem wenn sie sogar danach fragen, Kindern sagen: „Ja, wir streiten uns in den letzten

Tagen die ganze Zeit, weil wir unterschiedlicher Meinung sind, aber wir versuchen, dies Problem zu lösen." Und damit sind Kinder zufrieden, denn sie wissen, es wird nach einer Lösung gesucht, und die Eltern werden sich nicht gegenseitig umbringen, sondern sich versöhnen. Kommuniziert man diese Absicht nämlich nicht, sind die Kinder auf ihre eigene Phantasie angewiesen, und die liefert ihnen manchmal Bilder, vor denen sie sich ängstigen.

Kinder müssen also nicht vor Streitereien „bewahrt" werden, denn schließlich lernen sie von ihren Eltern eine der wichtigsten Sachen: Wie man zusammenlebt – und da gehören Konflikte mit dazu! Und die kann man nicht verbergen, die spürt jedes Familienmitglied, wenn sie vorhanden sind.

Wenn Eltern in punkto Erziehung unterschiedliche Meinungen haben, sollten die Kinder dann anwesend sein?

Auch dies hängt von der Fähigkeit der Eltern ab, miteinander ins Gespräch zu kommen – wenn sie beide nur destruktiv sein können, dann sollten sie sich nicht in Anwesenheit der Kinder die Köpfe einschlagen, aber wenn sie es sich zutrauen, ein offenes, faires Gespräch zu führen, können sie die Kinder mit einbeziehen: „Das empfindet dein Vater so, ich hingegen sehe das ganz anders. Und wir kommen nicht wirklich überein. Was denkst du?" Das könnte für alle bereichernd sein!

Was aber leider fast immer passiert, ist, dass wir sehr schnell Partei ergreifen – zum Beispiel der Vater kritisiert bei Tisch das Kind, und die Mutter ergreift sofort die Partei des Kindes und verteidigt es. So etwas ist nicht fruchtbar. Klar sollte sie sich einmischen, aber nicht indem sie Partei ergreift, sondern indem sie als Mittlerin zwischen den beiden fungiert. Sie könnte den erbosten Vater fragen, was er dem Kind überhaupt mitteilen möchte. Dann verhilft sie beiden dazu, in einen Dialog zu kommen, und muss niemanden verteidigen, weil das völlig überflüssig ist.

Ist aber die Verantwortung für das Kind nicht zu groß, wenn du es fragst, was es denkt?
Nein, das Gleichgewicht kippt nur dann um, wenn du dem Kind die Macht einräumst, tatsächlich zu entscheiden, was nun geschehen soll. Kinder haben also kein finales Veto-Recht, wenn sie in einen Konflikt eingeweiht sind – das wäre auch nicht das, was ich unterstützen würde. Aber sie dürfen Konflikte mitbekommen, denn wo zwei Menschen zusammenkommen, gibt es sie, geschweige denn in einer vierköpfigen Familie – da gibt es unterschiedliche Meinungen tagein tagaus. Warum sollte man dies wegen des lieben Hausfriedens – welch ein komisches Phantom – verschweigen?

Statt Konflikte zu begrüßen, verwünschen wir sie – können wir diese Haltung wirklich ändern?
Ja, ich glaube schon, wir werden zwar wünschen, all das wäre nicht passiert, aber wir können nicht immer intellektuell reagieren. Die erste Reaktion ist meist eine emotionale. Viele Menschen meinen, Emotionen seien immer wahr – das sehe ich anders, denn gerade Emotionen sind äußerst korrumpierbar durch die verschiedensten Bedürfnisse, durch unsere Eltern, die Umstände usw. Deshalb meine ich, kommt es im Leben jedes Menschen darauf an, herauszufinden, wann *er* seine Emotionen *hat* und nicht die Emotionen *ihn*. Natürlich gibt es Momente, in denen es schön ist, sich von seinen Emotionen überwältigen zu lassen: wenn du Gedichte liest, Musik hörst, einen Film siehst … Aber die Emotionen als einzige Richtlinie im Leben zu wählen, ist nicht sehr weise. Du kannst sie als wertvollen Input verwenden, aber klammer dein Denken dabei nicht aus!

Nein sagen

Vielleicht haben wir aus dem Bedürfnis, dass wir uns alle als romantische Wesen (die wir ja auch sind), ein konfliktfreies Leben wünschen, Schwierigkeiten damit, Nein zu sagen?!

„Nein“ zu sagen einem Menschen, den du liebst, ist sehr schwer – das ist klar. Den Menschen, die man liebt, möchte man „Ja“ sagen. Das ist auch etwas Wunderbares, denn das Leben jedes Kindes sollte damit anfangen, das die Eltern ihm vermitteln: „Ja, du bist willkommen! Wir wollen dich!“ Und jede Generation hatte mit dem „Nein“ Schwierigkeiten und ist damit unterschiedlich umgegangen. Die Generation meiner Eltern hat zu allen Gesten, die Eigeninitiative zeigten, automatisch „Nein“ gesagt – ihr „Nein“ klang immer aggressiv, und diese Aggression verriet, wie schwierig es eigentlich für sie war, „Nein“ zu sagen. Erschwerend kam für sie hinzu, dass sie immer plausible Gründe in der Außenwelt suchten: „Nein, niemand macht das!“ Und wenn das von den Kindern nicht ernst genommen wurde, dann kamen sie mit Regeln: „Ich habe einmal Nein gesagt, das sollte reichen! Nein ist Nein!“ Es war also auch für sie anstrengend, aber sie haben es konsequent praktiziert.

Heute ist es anders – unter den Eltern gibt es fast nur noch Ja-Sager, was in der Beziehung zu den Kindern zu denselben Schwierigkeiten führt.

Was meinen Sie, weshalb kippte dies um?

Der eine Grund ist eindeutig: Es ist eine ganz normale Reaktion, genau das Gegenteil von dem zu tun, was die eigenen Eltern praktiziert haben. Der andere Grund ist wohl der, dass die Gründe für die vielen Neins verschwunden sind – zum Beispiel haben heutige Eltern immer Geld für eine Schokolade, das war früher wirklich anders, und was früher auch anders war, war die Tatsache, dass es unter den Eltern einen Konsens gab: Sie sagten

„Nein, du darfst das in deinem Alter nicht tun!“ und wussten, dass das auch die anderen Eltern so handhabten. Also, wenn ich mich mit meinen Freunden traf, stellte ich fest, dass meine Eltern tatsächlich Recht hatten: Auch die anderen Kinder durften dies nicht tun. Wenn du das einem Kind heute sagst, kann es dir auf der Stelle mit Hilfe des Handys beweisen, dass sein Freund das tun darf, was ee nicht darf. Für Eltern gibt es heute diesen Konsens nicht mehr, aber das ist eine große Herausforderung, denn sie müssen dies „Nein“ in sich selbst finden: Sie müssen über ihre eigenen Werte reflektieren, so dass, wenn das Kind kommt und sagt: „Ich möchte meinen Geburtstag mit meinen Freunden bei McDonalds feiern!“, sie dazu ihre eigene Meinung vertreten und nicht eine entliehene. Du kannst dann als Vater sagen: „Nein, ich bringe dich und deine Freunde nicht an einen Ort, wo ihr solchen Fraß zu essen bekommt.“ Oder du sagst: „Okay, das machen wir!“

Viele Kinder wollen bei McDonalds essen, weil auch ihre Freunde das tun ...

Ja, und dann wird es für viele Eltern schwierig, weil sie ja nicht wollen, dass ihr Kind zum Außenseiter wird. Also erlauben sie es widerwillig, weil ihnen die innere Orientierung fehlt. Denn das „Nein“, von dem wir sprechen, kannst du nur in dir selbst finden! Du musst dich also entscheiden und die Frage klar beantworten können: Was will ich? – Will ich, dass mein Kind jeden Tag Coca Cola trinkt? Nein!

Aber das könnte auch fanatisch wirken ...

Klar ist es unklug, fanatisch alles zu verbieten: „Es wird nur noch vegetarisch gegessen!“ Dann läuft man nämlich Gefahr, dass die Kinder dann später tatsächlich nur noch Fleisch und Cola zu sich nehmen. Aber es muss eine Balance gefunden werden: „Okay, du trinkst gerne Cola, aber in unserer Familie wird eben nur einmal die Woche Cola getrunken und nicht jeden Tag!" Dies ist eine große Herausforderung für postmoderne Eltern, ihre eigenen Werte zu finden.

In großen Metropolen treffen auch viele Kulturen zusammen, so dass es heute wirklich schwierig ist, einen Konsens zu finden.

Dänische Eltern sagen: Kinder dürfen nicht allzu gewürzte Speisen essen! Aber wenn sich das Kind in einer vietnamesischen Familie befindet, dann stellt es fest, dass die Kinder jeden Tag gewürztes Essen zu sich nehmen. In den skandinavischen Ländern sagt man, das Frühstück sei die wichtigste Mahlzeit, in Italien gibt's gar kein richtiges Frühstück. Was wir an diesen banalen Beispielen ablesen können, ist, dass es keine allgemein gültige Wahrheit gibt – jeder muss sie für sich selbst entdecken ...

... und sie dem anderen mitteilen!

Ja, du musst klar sein in dem, was du willst. Es gibt natürlich Phasen im Leben, wo alles unklar ist, wo du weder ein noch aus weißt. Aber auch das kannst du dann deinem Partner oder deinen Kindern klar sagen: „Ich weiß nicht, was ich momentan will!"

Zum Beispiel: Deine Tochter kommt aus der Schule und fragt dich: „Kann ich heute Nacht bei Christina schlafen?" Deine automatische Antwort wäre: „Nein, das hast du schon letzte Woche getan, und das ist vielleicht für Christinas Mutter zu viel!" Aber mit dieser Antwort verrätst du, dass nicht du sprichst, sondern der mütterliche Kassettenrekorder leiert sein Lied herunter. Das hat also auch schon deine Mutter so formuliert usw. Wenn du dich nun selbst als Mutter fragst: „Will ich, dass meine Tochter anderswo übernachtet?", dann kann es sein, dass die Antwort zunächst lautet: „Keine Ahnung, ich weiß es nicht!" Und genau das kannst du deiner Tochter mitteilen: „Ich weiß es nicht. Ich muss darüber eine Weile nachdenken, und dann sag ich's dir!" Das ist für deine Tochter eine klare Auskunft! – Was ich damit sagen möchte, ist, dass du als Mutter nicht immer eine Antwort parat haben musst, aber du musst deinem Kind klar mitteilen, wie du zu dir selbst stehst. Solange du dies tust, ist eure Beziehung eine warme, weil sie persönlich ist. In dem Augenblick, wo du Argumente von außen importierst, Argumente allgemeiner Natur, gibst du unpersönliche, also kalte Antworten von dir. Dies ist also die große Aufgabe: uns selbst zu definieren – das heißt, Ja zu sagen, wenn wir Ja meinen, und umgekehrt.

Wenn meine Tochter also nach Hause kommt und sagt, sie möchte bei ihrer Freundin übernachten, warum sollte ich ihr denn sagen, ich überlege mir das?
Weil du vielleicht eine reife Mutter bist, die nicht nur das wiederholen möchte, was ihre eigene Mutter vor vielen Jahren zu ihr gesagt hat. Und wenn es wahr ist, dass sie es nicht weiß, wie sie dazu steht, dann sollte sie es genauso ihrer Tochter mitteilen. Und es kann sein, dass sie es nach einer halben Stunde noch immer nicht weiß, dann kann sie ihrer Tochter sagen: „Ich kann keine Entscheidung treffen, denn einerseits möchte ich dich hier haben, und andererseits verstehe ich, dass du bei deiner Freundin sein möchtest."

Vielleicht überlege ich mir tatsächlich, dass es die andere Mutter stören könnte, wenn meine Tochter schon wieder dort übernachtet, und bin deshalb so unschlüssig …
Wenn du so etwas vermutest, dann ruf diese Frau einfach an und frag sie. Nun kann es sein, dass du Christinas Mutter in Verlegenheit bringst und sie sich aus sozialen Gründen nicht traut, „Nein" zu sagen; dann braucht sie eben deine Hilfe, um „Nein" zu sagen. Sie sagt vielleicht: „Nun ja, wir haben zwar andere Pläne, aber vielleicht geht's ja doch!" Dann kannst du ganz direkt und persönlich sagen: „Das ist gar kein Problem, wenn es nicht geht. Es ist für mich okay, wenn du Nein sagst." Und so fühlt sich

die Mutter von Christina erleichtert und sagt: „Nein, ein anderes Mal!" – Und diese Antwort gibst du an deine Tochter weiter, und damit kann sie was anfangen. Und ihr habt alle eine gesunde Beziehung zueinander. Wenn du aber nicht aufrichtig bist, dann wirst du Christinas Mutter nicht direkt sagen, was du denkst, sie dir auch nicht, und dann fängt dies komische Versteckspiel an, und du gehst dann zu deiner Tochter und sagst ihr ganz unpersönlich: „Es ist besser, du bleibst hier!" Aber Kinder wollen immer wissen: „Weshalb? Was hat sie gesagt? Hat sie gesagt, dass ich nicht kommen darf?" – „Nein nicht ganz, aber …", du gerätst ins Schleudern. Und dann sagt deine Tochter auch prompt: „Also kann ich gehen!" – So direkt äußern sich Kinder, und deshalb bist du gut beraten, wenn du genauso klar und deutlich bist in deinen Aussagen.

Wenn du dir also nicht sicher bist und die Wahl hast zwischen restriktiv sein und flexibel sein, dann wähle doch lieber Letzteres, denn in 99% der Fälle ist es die bessere Lösung, weil du dich menschlich verhältst, du zeigst dich persönlich und verletzlich. Wenn du dann merkst, dass deine Tochter deine Flexibilität in den nächsten Wochen mehr, als dir lieb ist, ausnützt, dann kannst du zu ihr gehen und ihr sagen: „Als wir damals über dein Übernachten bei Christina gesprochen haben, wusste ich wirklich nicht, was ich dir dazu sagen soll, aber jetzt, seit du nun immer eigenmächtig Entscheidungen triffst, weiß ich genau, dass das zu viel ist. Ich möchte, dass du Freunde hast, dass du sie besuchen gehst, aber wir müssen diese Besuche auf zwei Mal in der Woche einschränken." Deine Tochter wird damit nicht besonders zufrieden sein, aber sie wird es andererseits auch schätzen und sich vielleicht sogar freuen, dass du Zeit mit ihr verbringen willst. Dies Verhalten ist wärmer und humaner, als von vorneherein eine Regel aufzustellen: „Nein, du gehst nicht weg, weil du bereits einmal weg warst, und wir hatten ausgemacht: Einmal die Woche darfst du anderswo übernachten!" Da gibt es keinen Kontakt, keinen Austausch, keine Entwicklung mehr, nur noch die Regel. Und sehr schnell kann sich dann deine Familie in ein Militärcamp verwandeln!

Aber meine Tochter könnte sich ja auch denken: „Sieh mal an, meine Mutter weiß nicht, was sie will. Sie muss sich das eine halbe Stunde lang überlegen, das ist doch recht schwach!"

Ja, das ist ein wichtiger Einwand! Es wird von Eltern immer erwartet, dass sie alles sofort wissen. Und dabei ist es wunderbar, wenn sie vielleicht mal etwas nicht sofort wissen und es sich noch durch den Kopf gehen lassen müssen. Vielmehr – diese ihre Haltung wird der Tochter als gutes Beispiel dienen, wenn sie dann zum Beispiel in die Pubertät kommt und von ihren Freunden allerhand Druck erfährt, dann wird sie ihnen nämlich auch sagen können: „Ich möchte dir eine Antwort geben, aber ich möchte mich versichern, ob es auch eine gute Antwort ist, also muss ich mir die Antwort noch überlegen." Und diese Antwort zeugt nicht von Schwäche, sondern im Gegenteil von hoher Qualität und Beziehungsfähigkeit!

Inwiefern kennen Sie diese Art des Umgangs auch persönlich, zum Beispiel mit Ihrem Sohn?

Oh ja, der hat mir diesbezüglich eine gute Lektion erteilt. Er hatte ein Faible für Reptile und wollte sich eine Schlange anschaffen. Ich aber habe regelrecht eine Schlangen-Phobie, so dass, als er fragte, ob er eine haben darf, ich ihm sagen musste: „Ich weiß nicht. Ich überlege es mir!" – Irgendwann merkte ich, dass er anfing, ein Terrarium einzurichten. So fragte ich ihn empört: „Aber ich habe dir doch meine Zusage noch gar nicht gegeben!" Worauf er sagte: „Ich weiß. Ich werde auch abwarten, bis du deine Entscheidung getroffen hast." Und das war für mich eine wertvolle Erfahrung: Ich habe gespürt, er respektiert mich als seinen Vater mit meiner natürlichen Autorität, aber ich bin für ihn kein Diktator. Ich habe ihn also nicht als unfolgsam hingestellt, wie das die meisten Eltern spontan machen würden. Nun, er hat seine Schlange bekommen, denn das einzige Argument dagegen war meine Phobie. Sein Schlafzimmer war zum Glück weit weg.

Also, ich hätte das nicht erlaubt ...

Aber das wäre dann für ihn auch in Ordnung gewesen: „Nein, ich hasse Schlangen. Ich hasse sogar den Gedanken, dass Schlangen in meinem Haus sind!" Dann wird er sagen, dass das unfair sei. Und er hätte damit auch Recht, aber er muss es akzeptieren. Wenn er einmal sein eigenes Haus haben wird, darf er sich so viele Schlangen kaufen, wie er möchte.

Dies ist eine neue Rolle, die Eltern einüben müssen: wahrhaftig zu sich selbst zu sein, statt immer nur Recht haben zu wollen laut dem Motto: Ich fälle diese Entscheidung, weil ich der Erwachsene bin und immer Recht habe!

Und wenn ich eine falsche Entscheidung getroffen habe, was dann?

Dann muss ich damit leben, dass ich eine falsche Entscheidung getroffen habe, aber es war meine Entscheidung. Ich kann mich also auf kein Gesundheitsministerium berufen, wenn ich meinem Kind verbiete, noch eine weitere Tafel Schokolade zu essen. Ich als Vater muss mit guten Gewissen „Nein" sagen können. Und dieses Nein ist in mir und nicht in der Gesellschaft – und genau dies müssen Kinder spüren, dass dein Nein ein persönliches Nein ist.

Es gibt so viele Möglichkeiten, „Nein" zu sagen – der Ton macht die Musik, oder?

Wenn du „Nein" sagst, und dieses Nein auf deiner eigenen Integrität beruht, dann ist es ein freundliches Nein: „Ich weiß, du möchtest, dass ich mitgehe, aber ich sage trotzdem Nein. Ich bin heute zu müde!" Aber es gibt auch ein unfreundliches Nein: „Nein, wie kannst du es wagen, mich zu fragen, du weißt doch, ich bin müde." Beide Male handelt es sich um ein Nein, aber es klingt immer jeweils anders. „Nein" zu sagen, bedeutet nicht gleich, negativ zu sein: Du kannst sogar den anderen küssen und umarmen und trotzdem bei deinem Nein bleiben, ohne dabei ein schlechtes Gewissen haben zu müssen. Das alles ist möglich, wenn du die richtigen Worte findest: „Ich weiß, wir hatten Pläne für heute Abend, aber so, wie es aussieht, schaff' ich es nicht mehr." Das heißt, indem ich „Nein" zu dir sage, sage ich „Ja" zu meiner Integrität! Und es gibt für mich nur diese meine eigene Integrität und kein allgemeines Gesetz, nach dem ich mich orientiere, genauso, wie es auch keine allgemeinen Grenzen gibt, die Kinder angeblich brauchen sollen.

Trotzdem sprechen Eltern oft davon, dass die Kinder ihre Grenzen überschreiten ...

Genau, dann sollten sie sich aber auch fragen, weshalb ihre Kinder das tun. Kinder wollen nämlich mit realen Menschen zusammen sein und nicht mit Menschen, die die Rolle des Vaters oder der Mutter spielen. Spielst du als Mutter deine Mutterrolle, dann wird das Kind immer wieder an diese deine Grenze stoßen, weil es wahrnehmen möchte, wer sich hinter dieser Grenze verbirgt: Das Kind ist auf der Suche nach einer realen Person, denn es braucht diese Person als Mutter und nicht eine Rolle!

Kann man dem anderen helfen, „Nein" zu sagen?

Wenn du dein Kind anschaust, merkst du gleich: Es findet den Vorschlag, in den Sommerferien in die Berge zu gehen, gar nicht gut, dann kannst du ihm das genau so sagen: „Ich merke, du findest diesen Vorschlag schlecht!" Dann sagt das Kind: „Genau, so ist es!" – „Warum? Langweilst du dich mit uns in den Bergen?"

Der Gedanke, der hinter dieser Frage steckt, ist nicht der, dass nun die ganze Familie anderswohin in Urlaub fahren wird, sondern ganz einfach der, dem Kind das Gefühl zu geben: Es ist nichts Schlimmes daran, die Berge nicht zu mögen. Und wenn die Eltern dafür Verständnis aufbringen, dann wird es dem Kind auch leichter fallen, doch mitzugehen, denn es weiß, als Person wird es in dieser Familie geschätzt, auch wenn es die Berge nicht mag!

Schließlich wollen wir ja alle mit Menschen zusammen sein, mit denen wir uns wohl fühlen. Und das kann nur gelingen, wenn wir uns manchmal gegenseitig helfen, „Nein" zu sagen. Und wenn wir Kindern nicht helfen, „Nein" zu sagen, dann werden sie anfangen, mit ihrem ganzen Verhalten dieses Nein ausdrücken. Und wir hätten mit unserem Sohn keinen freudvollen Augenblick in den Bergen.

Sie gehören ja einer Generation an, die von den Eltern sehr oft „Nein" zu hören bekommen hat. Wie sind Sie damit umgegangen?

In meiner Generation bedeutete den Eltern „Nein" zu sagen fast schon so etwas wie ein Sakrileg zu begehen – man war dann sofort ungehorsam. Also sagte man lieber „Ja", meinte aber „Nein". Wenn ich also aus der Schule kam und meine Mutter sagte: „Kannst du bitte dein Zimmer aufräumen?", sagte ich zwar „Ja", aber ich war schlau genug, mir was einfallen zu lassen: Ich nahm den Staubsauger mit aufs Zimmer und ließ ihn laufen, ohne ihn weiter zu beachten. Nach einer gewissen Zeit ging ich dann hinunter, und natürlich erkundigte sich meine Mutter: „Hast du sauber gemacht?" Und ich: „Ja, ja!" – Irgendwann aber wurde sie skeptischer und hieß mich stehen bleiben, bis sie mein Zimmer kontrolliert hatte. Sie wurde böse und fing an zu schimpfen, ich würde sie belügen. Und ich fing an, mich zu verteidigen: „Weißt du, ich habe mit meinen Freunden ausgemacht, dass wir uns treffen ..." Meist wachte dann mein Vater auf, und meine Mutter erzählte ihm, was los war. Und seine Bemerkung mir gegenüber war einfach: „Tu, was deine Mutter dir sagt!" Mehr nicht! Das war eben seine persönliche Erfahrung: „Tu, was sie sagt, dann gibt's weniger Probleme!" – Also habe ich später als junger Mann große Probleme gehabt, „Nein" zu sagen, was sich übel auf meine Beziehungen auswirkte, denn um eine heilvolle Beziehung zu haben – egal, zu wem – musst du imstande sein, „Nein" zu sagen, und musst sogar wissen, dass der andere manchmal deine Hilfe braucht, um „Nein" sagen zu können.

Im Vergleich zu damals hat sich in den zurückliegenden Jahren viel getan – und ich höre immer mit viel Erstaunen und mit viel Freude im Herzen zu, wenn fünfzehn- oder sechzehnjährige Jugendliche über ihre Beziehung zum anderen Geschlecht sprechen: Sie sind sehr viel klarer, als ich es aus meiner Zeit kenne. Und ich meine, dass es dieses eine ganz bestimmte furchtbare Spielchen zwischen Jugendlichen nicht mehr gibt, und zwar: Wenn ich mich mit einem Mädchen treffen wollte, war es für mich klar – sie muss „Ja" sagen, weil ich sie so gerne habe. Ein verrücktes Argument, aber unsere Eltern taten eben auch nichts anderes! Für das Mädchen war's leider auch ein stichhaltiges Argument: Wenn er mich so gerne hat, würde es ihn verletzen, wenn ich absage … Also tat sie es, ohne es zu wollen, und wir befanden uns dann beide im falschen Film.

Heute können Jugendliche sehr viel einfacher sagen: „Du liebst mich, wunderbar! Aber ich liebe dich nicht, also möchte ich mich nicht mit dir treffen!" Dann ist der andere zwar unglücklich, aber er weiß die Wahrheit.

Um zu dieser Authentizität zu finden, hilft es Jugendlichen sehr, wenn sie das definitive Nein der Eltern kennen gelernt haben: „Nein und Punkt!" – Was aber immer noch häufig passiert, ist, dass zum Beispiel junge Väter, wenn sie merken, dass das Kind unglücklich aussieht, versuchen, auf das Kind einzureden, denn sie wollen ja mit ihm in Kontakt bleiben und wollen, dass es versteht, weshalb sie „Nein“ sagen müssen. Das kann gefährlich werden, weil das Kind diese Begründung nicht braucht und plötzlich die Verantwortung vom Erwachsenen auf das Kind übergeht: Das Kind ist dann für das Glück der Eltern verantwortlich.

Das definitive Nein ist das Nein, wo du Nein sagst und den Kontakt unterbrichst. Das Kind ist vielleicht frustriert, aber das ist dann für alle nicht weiter schlimm. Und das war früher auch nicht möglich: Du warst nicht nur verpflichtet, gehorsam zu sein, du solltest auch noch glücklich dabei sein, weil das Nein wegen deines eigenen Wohlergehens ausgesprochen worden war. Der offen an den Tag gelegte Unmut oder Zorn des Kindes wäre ja für die Eltern damals sehr bedrohlich gewesen. Emotionale Reaktionen mussten also sofort unterbunden werden: „Benimm dich!“– Und das ist heute zum Glück anderes: Auf dein väterliches Nein darf das Kind frustriert reagieren und muss nicht fürchten, bestraft zu werden.

Wenn aber Kinder dieses restriktive Nein nicht erfahren, sondern eher ein Jein, fehlt ihnen dann der innere Halt?

Sie haben dann keinen Halt, weil sie in einer sehr widersprüchlichen Umgebung leben: Sie leben mit Eltern, die sichtlich – die Eltern lächeln z. B. die ganze Zeit – ein Problem mit Konflikten haben. Solche Eltern geben ihren Kindern zwar scheinbar alles, was sie wollen, aber in Wirklichkeit erfrieren die Kinder, denn der Umgang ist kalt: Er ist unpersönlich. Die Eltern verhalten sich selbstdestruktiv und werden zum Servicepersonal in ihrem eigenen Haus: Sie sind Butler ihrer Kinder. Und das macht die Kinder einsam, und sie können es nicht verstehen, warum sie sich so alleine gelassen fühlen, denn schließlich sind ihre Eltern doch nur lieb zu ihnen. Was dann passiert, ist, dass diese Kinder ihre Eltern Tag und Nacht herausfordern und tyrannisieren. Die Eltern werden keine fünf Minuten ungestört miteinander sprechen können.

Das sind wohl auch die Eltern, die alles perfekt machen wollen.
Wenn die Eltern versuchen, sich zu perfekten Maschinen zu machen, immer einer Meinung zu sein, immer konsequent zu sein, dann präsentieren sie ihren Kindern ein falsches Bild von der Wirklichkeit. Wir alle machen enorm viele Fehler, und was sollte daran verkehrt sein? Oder auch: Was soll daran verkehrt sein, Kinder spüren zu lassen, dass wir nicht einer Meinung sind oder unterschiedliche Bedürfnisse haben? Ich bin dagegen, dass mein Kind Klavier spielt, wenn ich lese. Meine Frau hingegen findet das wunderbar. Also, was sollte dabei sein, wenn ich es meinem Sohn verbiete und meine Frau es erlaubt? Mein Sohn weiß es dann von klein auf, Menschen sind verschieden, er muss das nicht erst mit dreißig Jahren lernen.

Dass Menschen unterschiedlich sind, ist in vielen Familien ein Problem, wenn man sich das verzweifelte Bemühen von Eltern vor Augen führt, ihre beiden Kinder „gleich" zu behandeln. Wenn man nun Kinder unterschiedlich behandelt, inwiefern bleibt man ihnen gegenüber gerecht?
Oh, da habe ich mit sehr vielen Eltern gearbeitet oder gesprochen, die äußerst frustriert und erschöpft waren, nachdem sie jahrelang versucht haben, Gerechtigkeit in ihrer Familie walten zu lassen. Aber das ist doch ein absurdes Unterfangen: Diese Gerechtigkeit kann es in den Familien doch gar nicht geben, sie ist eine Illusion. Wenn du versuchst, deinen Kindern gegenüber gerecht zu sein – was der eine bekommt, muss auch der andere bekommen usw. –, dann machst du dir aus deiner Familie einen Kerker. Denn wenn du Kinder fair behandeln willst, musst du sie unterschiedlich behandeln, weil sie unterschiedlich sind. Nur in unseren Köpfen sieht dies schwierig aus. In der Praxis nämlich kann man, spätestens wenn die Kinder fünf Jahre alt sind, dies Thema mit sehr viel Humor angehen – und die Kinder werden es als Erste verstehen: Auf absurde Fragen bekommt man im Le-

ben auch absurde Antworten. Zum Beispiel habe ich genau dies einem Vater gesagt, der mit diesem Problem zu mir gekommen war. Er hat eine fünfzehnjährige Tochter und eine dreizehnjährige, beide waren sie zugegen, als wir uns über dieses Thema unterhielten. Die ältere wollte mit ihren Freunden ausgehen, und er wusste nicht, ob er es ihr erlauben sollte. Ich sagte zu ihm: „Du kannst es ihr erlauben, warum nicht?" Dann meinte er zögerlich: „Ja, aber dann kommt die jüngere, und der würde ich es nicht erlauben. Dann wird sie bestimmt fragen: Wenn meine Schwester ausgehen darf, warum ich nicht?" Dann habe ich die jüngere Tochter angeschaut und ihr gesagt: „Du willst wissen, weshalb deine Schwester ausgehen darf und du nicht? Ganz einfach, weil sie vom Mond kommt und du aus grünem Käse gemacht bist!" Nun war die Dreizehnjährige aber sehr erstaunt, dann hat sie angefangen zu lachen. Und für mich war klar, dass sie es verstanden hat: Auf eine absurde Frage erhält man eine absurde Antwort. Menschen sind unterschiedlich, so ist es eben! – „Aber das ist nicht fair!" Das stimmt, aber das Leben ist nicht fair! Versuch also nicht dein eigenes kleines Phantasieheim zu bilden, in dem alles fair ist! Es hat keinen Zweck, die Welt dreht sich anders!

Wenn du zwei Kinder hast und du fühlst dich zu einem der beiden Kinder sehr hingezogen, zum anderen weniger, dann versuchst du doch, umso gerechter zu sein ...

Ja, klar, aber es wird dir wenig helfen, dies so zu kompensieren. Denn das Kind, das du weniger liebst, wird es spüren, und es wird es dir auch öfters direkt ins Gesicht sagen. Durch gerechtes Verhalten lässt sich so etwas nicht tarnen. Selbst wenn du ihm von allem mehr gibst als dem anderen Kind, zu dem du dich hingezogen fühlst, es bleibt eine verzweifelte Camouflage-Aktion. Das ist tatsächlich vergeudete Energie.

Kommt so etwas eigentlich häufig vor?
Nein, das ist nicht üblich. Es ist nur so, dass es etwas gibt, was Kinder spüren und Erwachsenen gar nicht erst auffällt, denn Erwachsene lieben beide Kinder gleich. Und das nehme ich ihnen auch ab, trotzdem merken Kinder, dass du im Umgang mit der kleinen Schwester dich ganz anders verhältst. Deshalb fordere ich Eltern immer dazu auf, aufrichtig zu sein und zu sagen: „Keine Ahnung, was los ist. Ich weiß nur, wenn ich mit deiner kleinen Schwester bin, ist für mich alles einfacher als mit dir. Aber wenn ich mein Herz frage, spüre ich, dass es da keinen Unterschied gibt: Ich liebe euch beide gleich stark. Aber du hast recht, wenn du sagst, du spürst was anderes, ich bin anders, wenn ich mit ihr bin." Für den Erwachsenen ist beides wahr, dass er beide gleich liebt, aber auch, dass es einen Unterschied gibt, also sollte er seine ältere Tochter, wenn sie danach fragt, nicht belügen, sondern ihr offen sagen, wie es ihm mit ihr geht. Das wird beide erleichtern und eine gute Beziehung ermöglichen.

Und nach so einer Offenbarung wird das Kind nicht am Boden zerstört sein?
Nein, denn die Wahrheit ist nie zerstörerisch. Sie kann schmerzhaft sein, aber das ist was anderes. Schmerz zu empfinden, ist im Leben eines jeden Menschen eine wertvolle Erfahrung.

Gemeinsam in die Welt von morgen

Dieser Übergang von einer Kultur des Gehorsams zu einer der Verantwortung könnte für die gesamte Gesellschaft von Bedeutung sein?
Die Herausforderung für unsere Gesellschaft ist, sich tatsächlich auf die Individuen zu beziehen und den Einzelnen zu fragen:

„Was brauchst du von uns?“ Die Herausforderung für das Individuum wird dann, wenn die Gesellschaft es ernst nimmt, die sein, dass es tatsächlich Verantwortung übernehmen muss: Du kannst nicht die Regierung beschuldigen, sondern du selbst trägst die Verantwortung für dein Leben. Deswegen ist mir der Übergang von einer Kultur des Gehorsams zu einer der Verantwortung so wichtig, denn er ist sowohl für die Gesellschaft als auch für die Individuen die große Herausforderung im 21. Jahrhundert. Zwar ist das Thema Verantwortung in aller Munde, aber es wird noch einige Jahre dauern, um es in unsere Lebenskultur zu integrieren und auch wirklich zu leben. Und wenn ich meine: das Individuum ernst nehmen, dann meine ich nicht: den verschiedenen Egoismen dienen und sie mit Hilfe einer liberalen Politik unterstützen. Nein, ich meine eine bestimmte Lebenskultur, die es ermöglicht, gute Beziehungen zu führen im Kleinen – eine Ehe kann nur mit zwei gleichermaßen verantwortlichen Individuen gelingen, sie gelingt gewiss nicht, wenn der eine nur gehorcht und der andere nur befiehlt – sowie im Großen – eine Firma funktioniert nur dann gut, wenn jedes einzelne Individuum Verantwortung übernimmt: Es kann nicht mehr Geld, mehr Produktion, mehr Gewinn aufkommen, wenn die Menschen nicht mehr Verantwortung erhalten. Und das sage ich immer wieder, wenn ich mit Menschen aus der Industrie zusammenkomme: „Wenn ihr von euren Mitarbeiter nichts als Gehorsam erwartet, dann werden sie euch auch nichts anderes geben. Wenn Ihr aber von ihnen mehr wollt, dann müsst ihr ihnen auch mehr geben: nicht mehr Geld, sondern mehr Würde – sprich: mehr Verantwortung!“

Was ich Politikern nur wünschen kann, ist, dass ihnen jemand über ein ganzes Wochenende ein paar philosophische Fragen stellt an einem Ort, von dem sie nicht wegkönnen, damit sie mal in Ruhe reflektieren und sich über den Menschen Gedanken machen. Sie bräuchten meiner Meinung nach alle ein philosophisches Lebenstraining, weil sie nicht gewohnt sind, in die Tiefe zu denken, sondern nur zielorientiert. In den Familien wachsen heute Kinder heran, die als Individuen betrachtet werden wollen – und darauf ist kein einziger Politiker vorbereitet. Die Frage, was für den einzelnen Menschen wesentlich ist, ist damit nicht beantwortet, dass man für eine gute Kanalisation, für Arbeitsplätze, billige Wohnungen usw. sorgt.

Politiker sind keine Politiker mehr im ursprünglichen Sinne des Wortes – sie haben Skandale im Kopf, nicht Ideen und Visionen, sie beschäftigen sich nicht mit dem Gedanken, wie unser Land in 100 Jahren aussehen wird, sie sind lediglich damit beschäftigt, den nächsten Wahlkampf zu gewinnen. Wir nennen sie zwar noch immer „Politiker", aber wir sollten sie lieber Verwalter der Gesellschaft oder Super-Buchhalter nennen – das wäre realistischer. Sie reagieren auf all das, was mit menschlichen Beziehungen zu tun hat, ignorant.

Könnten Sie ein konkretes Beispiel anführen?

Ja, ein gutes Beispiel dafür, wie kurzschlüssig Politiker denken, war die Pisa-Studie. Vor fünf Jahren hat Dänemark sehr schlecht abgeschnitten, jetzt war es für Deutschland ein Desaster. Dass dieser Test lediglich ein quantitativer und kein qualitativer ist, fällt keinem Politiker auf. Was sie durch ihn plötzlich entdecken, ist für sie entsetzlich: Ihr Land steht ganz unten, was die Fähigkeit der Kinder betrifft, ihre Muttersprache zu sprechen und zu schreiben. Also muss sofort was dagegen unternommen werden. Keiner hat sich die Frage gestellt: „Wie kommt es überhaupt, dass wir so schlecht abschneiden? Wir haben schließlich jede Menge an Unterrichtsstunden, wir haben gut ausgebildete Lehrer, wir haben Kinder, die lernen wollen, und Eltern, die ebenfalls wollen, dass ihre Kinder lernen, wieso sind wir also nicht erfolgreich?" – Mit der Entscheidung „Mehr Stunden!" war niemandem geholfen. Sie hätten begreifen müssen, dass sie es nicht mit einer Erziehungsfabrik zu tun haben, sondern mit einem komplizierten menschlichen Beziehungssystem, das plötzlich nicht mehr funktioniert. Und es wird sich gewiss nichts an der Situation ändern, wenn du Regeln und Restriktionen einführst.

So haben Politiker ja auch auf den Amoklauf des Jungen vom Gutenberg-Gymnasium in Erfurt reagiert: Sie haben vorgeschlagen, die Altersgrenze für den Waffenerwerb von 18 auf 21 zu heben, aber keiner hat sich getraut, die Frage zu stellen: Was ist in deutschen Familien denn los?

Und die Frage: Wie ist ein Junge aufgewachsen, wenn er so unglücklich, verzweifelt und einsam war, ohne dass es jemand gemerkt hat? Und als sie ihn dann aus der Schule geworfen haben: Wie kam es, dass keiner der Lehrer mit ihm gesprochen hat, um zu verstehen, was in seinem Leben gerade so passiert? Restriktionen und Strafen – das sind unsere beliebten, weil bequemen Antworten, die gar keiner Frage bedürfen. Und dabei haben Eltern, Lehrer, die ganze Gesellschaft viele Möglichkeiten, so etwas zu verhindern. Aber sie haben sie alle ignoriert.

Wie würden Sie zum Beispiel angesichts der Pisa-Studie handeln?

Wenn ich der dänische Erziehungsminister wäre und es würde mich die Nachricht erreichen, dass die dänischen Kinder schlecht abgeschnitten haben, dann würde ich den dritten Weg wählen: Der erste Weg ist der quantitative: „Mehr Stunden!" – völlig unsinnig; der zweite ist der qualitative – aber der muss gar nicht erst angestrebt werden, weil ihn dänische Schüler bereits beschritten haben: Sie sind reif, sozial, verantwortungsvoll, oder wenn sie anfangen zu arbeiten, sind sie selbstständig, also sie haben die Qualitäten, die der zweite Weg schulen würde. Der dritte Weg wäre für mich der befriedigende: Ich würde eine Gruppe Forscher zusammenbringen und sie bitten, einen Dialog zwischen unterschiedlichen Klassen, ihren Lehrern, Eltern und einigen pädagogischen Experten herzustellen. Das würde ich mit 500 Klassen im ganzen Land machen. Und dann würde ich diese Gruppen fragen: „Die Pisa-Studie zeigt, dass eure Resultate nicht so gut sind, wie wir sie von euch erwarten. Seid ihr mit euren Resultaten zufrieden? Was denken die Eltern darüber? Was die Lehrer? Wenn ihr alle damit unzufrieden seid, was schlagt ihr vor? Was können wir tun?" Und wenn dieser Dialog zustande käme, dann würden wir feststellen, dass in jeder Schule ein anderes „Heilmittel" benötigt würde: In der einen müssen sie eher auf die Beziehungskompetenz der Lehrer achten, in einer anderen müssen sie den Direktor loswerden, weil er die Lehrer schlecht behandelt und darunter die Arbeitsqualität der Lehrer leidet usw.

Wenn du also als Politiker in eine solche Gruppe von Kindern, Lehrern, Eltern, Pädagogen kommst, wirst du zum Schluss gar nicht mehr sagen müssen: „Nehmt das Fach Deutsch ernster!" Denn sie werden es ernst nehmen, sofern du als Politiker ihre Problematik ernst genommen hast. Das ist allgemein verbreitet: Wir schauen alle nur auf die Resultate, statt uns mehr und mehr den Prozessen zu widmen. Wenn wir allerdings ein gutes Resultat wollen, müssen wir auch um einen guten Prozess bemüht sein. Gesetze, Regeln, Verordnungen werden uns da nicht weiterhelfen.

Was in Dänemark wirklich zu einem wunderbaren Resultat geführt hat, war die Aktion eines sehr kreativen Teams von Dänisch-Lehrern, die Erwachsene ganz unaufdringlich aufgefordert haben, ihren Kindern mehr vorzulesen und damit möglichst früh zu beginnen, bereits wenn das Kind drei Monate alt ist.

Ja, das ist schön, denn was man heute beobachtet, ist erschreckend: Kinder werden vor den Fernseher gesetzt, damit sie die Eltern nicht stören …

Wie sollen diese Kinder ihre Sprache entwickeln, wenn sie mit niemandem sprechen können? – Und ich plädiere heute sehr dafür, dass man Kindern aus den Klassikern der Literatur vorliest, denn in den 70er Jahren gab's in Dänemark so eine Welle, wo man Texte bevorzugte, die mit dem konkreten Alltag der Kinder zu tun hatten. Aber diese Texte erweitern nicht wirklich das Denken des Kindes, und genau darauf kommt es aber an. – Eines der erfolgreichsten Projekte in Dänemark war, dass man Philosophie für die Kleinen (sieben- bis zwölfjährige Kinder) eingeführt hat. Und es war erstaunlich, zu sehen, wie interessiert und kreativ Kinder sind, wenn du ihnen philosophische Fragen stellst. Auch der Autor von „Sophies Welt", Jostein Gaarder, geht in Kindergärten, um mit Kindern zu philosophieren und zu hören, wie die Kinder über die Welt nachdenken – das ist fabelhaft. Aber ich würde nie vorschlagen, so etwas als Regel in allen Kindergärten oder Schulen einzuführen, denn dann wäre es vorbei. Es gibt Dinge, die müssen alternativ bleiben, sonst sterben sie.

Könnten wir die Familie als Baustein für die künftige Gesellschaft betrachten?

Meine ganze Hoffnung, was künftige Veränderungen betrifft, setze ich tatsächlich auf die Familien. Ich meine, sie stellen heute die Avantgarde dar, denn in den Familien finden die ernsthaften Gespräche statt, nicht mehr in der Politik. Und das Verhalten in den Familien wird sich nolens volens auf die Gesellschaft auswirken: Wenn du in deiner kleinen Familie, deinem Basis-Camp, dich darum bemühst, jedes einzelne Familienmitglied als Individuum zu betrachten, es ernst zu nehmen und zu respektieren, wirst du das automatisch von allen anderen erwarten – von den Lehrern, Ärzten, Richtern usw. Und auf diese Weise wird sich früher oder später auch in der Politik etwas verändern müssen, denn diese Bewegung ist nicht mehr aufzuhalten. Es gibt historisch gesehen nie ein Zurück! – Du kannst zwar Menschen unterdrücken und ihre Integrität verletzen, aber nach einer gewissen Zeit geht das einfach nicht mehr. – Und ich bin sehr gespannt auf die zukünftigen Ereignisse, denn die westlichen Gesellschaften gewährleisten zwar eine sozial-ökonomische Freiheit, aber noch lange keine geistig-spirituelle. Aber die einzelnen Menschen sind heute dahin unterwegs, wirklich frei denkende Menschen zu werden.

Gibt es da schon konkrete Veränderungen, die von Kindern aus solchen avantgardistischen Familien initiiert worden sind?
Zum Beispiel – die Europäische Kommission hatte beschlossen, dass sie die Teilnahme von Jugendlichen an den von ihr organisierten Konferenzen fördern möchte. Und was ist passiert? Vor sechs Jahren fand eine Konferenz in Straßburg statt. Eine norwegische Delegation, bestehend aus Kindern und Jugendlichen, war auch dabei. Drei Tage lang haben nur ältere Menschen Vorträge gehalten. Die norwegische Delegation ist nach anderthalb Tagen nach Hause gefahren. Die Jugendlichen sind direkt zum Erziehungsminister gegangen, um durchzusetzen, dass die nächste Konferenz in Norwegen stattfand. Das ist im Jahre 2002 dann auch geschehen, und es gab tatsächlich nur Jugendliche und Kinder unter den Vortragenden. Diese jungen Menschen kommen alle aus Familien, die zur besagten Avantgarde gehören – ich will damit nicht sagen, dass in diesen Familien alles fehlerfrei abläuft. Nein, gewiss nicht, aber diese Familien versuchen, ihre Kinder ernst zu nehmen – als Individuen. Sie wollen keine gehorsamen, sondern verantwortliche Kinder. Und das sind dann später Jugendliche, die sich souverän in der Gesellschaft bewegen und ihre Bedürfnisse, Wünsche, Vorstellungen wunderbar ausdrücken können. – Und ich meine, dass das, was in Familien heute passiert, nichts Ideologisches ist, es ist keine Massenbewegung, sondern eher so etwas wie eine stille, langsam voranschrei-

tende Bewegung, in der Eltern untereinander und Eltern mit Kindern oder Lehrern anfangen, einen persönlichen Dialog zu führen.

Ist das aber nicht recht schwer für den Einzelnen, der in seiner Familie einen persönlichen Dialog pflegt, sich dann in der Arbeit umzustellen und da einen anderen Ton anzuschlagen?
Ich meine, in der Industrie bewegt sich allmählich auch was voran. Unser Institut wird oft von großen skandinavischen Firmen eingeladen, denn auch in der Industrie hat man gemerkt, dass diese Art von Dialog sehr viel schneller zum erwünschten Resultat führt. Und wir halten in vielen Firmen auch Seminare über Partnerschaft, Kinder und ganz private Angelegenheiten, denn das ist es, was die Menschen auch dort von uns hören wollen.

Ich bin zum Beispiel Mitglied eines so genannten „Think-Tank", eines Expertenkreises, in dem darüber nachgedacht wir, wie man die Kluft zwischen Familie und Beruf überbrücken kann. Ich bin da Mitglied geworden, weil ich vor zwei Jahren einen Artikel geschrieben habe, in dem ich große Firmen aufgefordert habe, ihre Haltung den Familien ihrer Arbeitnehmer gegenüber zu ändern: Sie müssen wegkommen von der fixen Idee, dass diese Familien ihre Feinde sind, und müssen anfangen, sie als eine notwendige Basis für ein jedes Individuum zu betrachten. Vielmehr sogar – familiäre Werte sollten in jedem Betrieb mit berücksichtigt werden. Wenn z. B. ein Arbeitnehmer fünf Jahre wunderbar funktioniert hat und nun plötzlich sich scheiden lässt oder ein behindertes Kind bekommt oder in sonst eine persönliche Krise stürzt, dann muss man diesen Menschen nicht gleich feuern. Nur, das würde bedeuten, dass die Personalabteilungen ein menschliches Know-how entwickeln und flexibel im Denken sind, denn dann käme man bestimmt auf Möglichkeiten, die für beide Seiten sehr viel besser und auch ökonomischer sind.

Immer mehr Menschen aus der Industrie sehen diese Notwendigkeit, dass sich in unserem Bezug zueinander vieles ändern muss – die Zeiten haben sich geändert. Vor zehn Jahren haben sich die Menschen intensiv und ausschließlich um ihre Karriere gekümmert, jetzt ist es anders: „Ich bin bereit, mein Bestes zu tun, aber meine Partnerschaft und meine Kinder sind mir auch wichtig! Also brauche ich die nötigen Bedingungen, um mit beidem klarzukommen!" Eine fähige Accountmanagerin eines Werbeunternehmens wird zum Beispiel die Forderung stellen, dass jedes Meeting vor 16 Uhr stattfinden muss, denn danach muss sie ihr Kind aus dem Kindergarten abholen. Und der Arbeitgeber wird damit einverstanden sein müssen, denn er weiß – die Frau ist einfach schwer zu ersetzen!

Und wie sieht es mit den Vätern aus?

Von vielen Vätern kann man heute wirklich sagen, dass sie in das Familiengeschehen involviert sind und nicht mehr außen vor stehen. Und sie tun das auch nicht nur, wie früher, aus Pflicht, sondern die meisten wollen es: eine Rolle im Haushalt zu spielen. Heute stellt sich also die Frage der Vaterschaft neu: Die Rolle der Väter muss neu erfunden werden. Heute kämpfen viele Väter um ihr Recht, Väter zu sein, und damit verbunden auch darum, anders sein zu dürfen als die Mütter. Und wenn du zu den 25 Top-Unternehmen in Dänemark gehst, wirst du sehen, dass sie dies nicht nur tolerieren, sondern bereits den Wunsch unterstützen, dass ihre Manager auch gute Familienväter sein wollen. Ich meine, da wird sich im Lauf der nächsten Jahre sehr viel verändern, denn für die Generation der Zwanzig- bis Vierzigjährigen sind das nicht nur hohle Worte: Die Familie ist allen sehr wichtig!